보석을 캐는 리더

보석을 캐는 리더(개정판)

지은이 | 백은실
초판 발행 | 2007. 4. 2
개정 1쇄 | 2024. 6. 27
등록번호 | 제1988-000080호
등록된 곳 | 서울특별시 용산구 서빙고로65길 38
발행처 | 사단법인 두란노서원
영업부 | 2078-3352   FAX | 080-749-3705
출판부 | 2078-3331

책 값은 뒤표지에 있습니다.
ISBN 978-89-531-4871-0   03230

독자의 의견을 기다립니다.
tpress@duranno.com   http://www.duranno.com

두란노서원은 바울 사도가 3차 전도여행 때 에베소에서 성령 받은 제자들을 따로 세워 하나님의 말씀으로 양육하
던 장소입니다. 사도행전 19장 8-20절의 정신에 따라 첫째 목회자를 돕는 사역과 평신도를 훈련시키는 사역, 둘째
세계선교(TIM)와 문서선교(단행본·잡지) 사역, 셋째 예수문화 및 경배와 찬양 사역, 그리고 가정·상담 사역 등을
감당하고 있습니다. 1980년 12월 22일에 창립된 두란노서원은 주님 오실 때까지 이 사역들을 계속할 것입니다.

보석을 캐는

캐는

리더
Leader

질문과 경청의
아름다운 기술

백은실 지음

두란노

목차

리더는 발견자입니다

지난 가을 한국행 비행기 안에서 〈호로비츠를 위하여〉라는 영화를 감상했다. 욕쟁이 할머니 밑에서 자라는 말썽꾸러기 고아 소년을 발견하여 세계적인 피아니스트로 탄생시키는 피아노 선생님의 이야기였다.

그 선생님이 발견해 주기 전, 그 소년은 집을 난장판으로 만들고, 주변 사람들을 괴롭히고, 또래 아이들을 때리는 등 온갖 못된 짓을 일삼아 하는 동네의 문제아였다. 그러나 그 소년의 고통을 함께 나누고 들어 주며 숨어 있던 재능을 개발하여 안내해 준 선생님의 수고와 희생은 그 아이를 정결하게 해 주고, 자신을 발견하여 정진하게 해 주었다.

영화 속의 선생님에게서 발견자의 기쁨을 보았다. 흙더미 속에서 보석을 발견해 내는 눈과, 그 안에 있는 빛을 끄집어낼 수 있도록 잘 닦아 내는 따뜻한 손길을 지닌 창조적인 발견자를 보았다. 그 선생님은 눈과 귀와 마음으로 그 소년에게 질문하고 또 경청하며 그 안에 숨어 있는 천재성을 발견하도록 안내했다.

선생님이 보여 준 발견자로서의 극치는 소년이 스스로를 발견하여 홀로 설 수 있도록, 옆에 두고픈 자신의 욕심을 버리고 적시에 소년을 더 나은 안내자에게 보내 준 사랑이었다. 그로 인해 소년은 더 훌륭한 교육을 받고 세계적인 피아니스트로 비상할 수 있었다. 훌륭한 청년이 되어 세계무대에 선 소년이 선생님께 바치는 곡을 연주할 때, 이를 지켜보는 선생님의 기쁨과 감동이 내 안에 그대로 이입되어 얼마나 울었는지 모른다.

누구나 리더가 되고 싶어 한다. 그리고 그룹 안에서 따르는 사람들이 어느 정도 준비된 사람들이기를 바란다. 그래서 이루고자 하는 목적을 함께 이루어 나가는 데 걸림돌이 되지 않고, 힘이 되어 주기를 바란다. 심지어 공동체가 나아가는 걸음을 방해하는 사람들은 차라리 떠나 주기를 간절히 소망하기까지 한다. 그리고 그 사람들을 준비시키는 일은 다른 사람들이 해 주었으면 하고 생각한다.

그러나 이 세상에는 아직 진흙 속에 숨어 있는 보화들이 매우 많다. 그 사람들 속에서 빛나고 있는 아름다움이 드러나기 위해서는 누군가가 발견해 주어야 하고, 누군가가 손으로 씻어 주어야 하며, 누군가가 희생하여 다듬어 주어야 한다.

이것이 발견자의 소명이다. 이들은 보배로운 사람들이 스스로를 발견하여 빛을 내도록 해 줌으로써 그 또한 한 사람의 발견자로서 나가도록 돕는다. 그리고 그 사람들의 손을 빌려 수많은 발견자를 양육하는 놀라운 씨앗을 뿌리게 된다.

발견자는 코치다. 그 사람 안에 있는 것들을 끄집어내어 이를 보여 줌으로써 나쁜 것은 개선시키고, 좋은 것은 개발시켜 줄 수 있는 사람이 발견자다.

이때 강요와 주입은 피해야 할 방법 중 하나이다. 발견자는 하나님의 시각으로 모든 것을 볼 수 있도록 해야 한다. 질문을 통해 새로운 것을 발견할 수 있는 눈을 주는 것이다. 그래서 하나님도 사람도 인격적으로 새롭게 만나 삶이 변화할 수 있도록 섬겨야 한다. 그리고 눈과 귀와 마음으로 내면의 소리를 들어 주어 그들이 하나님을 경청하며 살도록 안내해 주어야 한다.

보석을 캐는 리더

그뿐만 아니라 발견자는 그들의 눈높이와 한계를 존중하는 맞춤형 사랑법과 맞춤형 코칭을 실천해야 한다. 그리고 무엇보다도 포기하지 않고 인내하기 위해 자신의 타이밍을 내려놓아야 한다. 물고기 하나를 던져 주기보다는 어렵지만 물고기 잡는 법을 교육하는 열정과 사랑으로 그 사람을 발견해 가야 한다.

　연약한 자를 택하셔서 40년이 넘는 시간 동안 소그룹 리더로 살게 하신 하나님께 진심으로 감사드리며, 미력하나마 그동안의 경험으로 깨닫게 된 것들을 정리해 보았다.
　이 책을 소그룹 리더로 부르심받은 분들에게, 하나님이 세우신 모든 가정의 리더들에게, 준비되지 못한 사람들을 준비시키는 일을 하고 싶은 리더들에게, 발견되지 못한 사람들을 발견하고 싶은 리더들에게, 하나님과 사람들을 새롭게 발견하고 싶은 모든 발견자들에게 드리고 싶다. 부족하나마 성경발견학습으로 하나님을 말씀 안에서 인격적으로 만나고 싶어 하는 모든 분에게 이 글을 안내 자료로 드리고 싶다.
　소그룹에서 말씀을 인도할 때 재미있고 깊이 있게 묵상할 수 있도록 인도하기를 원하는 리더들에게 성경발견학습이 힘이 되기를 바란다. 큐티에서 말씀을 더욱 풍성히 맛보고 하나님과 친밀한 나눔의 역사를 쌓아 가기를 원하는 분들에게 성경발견학습이 좋은 도구로 소개되기를 기도한다.

연약한 사람들을 일으켜 세워서 함께 뛰어 주고자 하는 리더들에게, 함께 쉬어 주고, 잘 할 수 있다며 격려해 주고, 물도 주고, 넉넉한 웃음도 주며 지친 발에 힘을 더해 주고 싶은 그런 리더들에게 이 책을 드리고 싶다.

부족하기 그지없는 나를 발견해 주시고 개발해 주셔서 사역자로 살도록 섬겨 주시는 고마운 손길들이 있다.

병약한 딸을 정성으로 키워 주셨고 오늘도 잠을 설치며 기도해 주시는 존경하는 부모님, 사역 때문에 자주 살림을 놓고 나가는 바쁜 전업 주부를 이해하고 용납해 준, 넉넉하고 든든한 울타리가 되어 준 사랑하는 가족에게 진심으로 감사드린다. 격려와 사랑으로 부족한 사람을 발견하여 개발하고 준비시켜 주신 영적 스승님들과, 모든 사역 현장에 함께해 주시는 기도의 동역자들과 후원해 주시는 커피 브레이크 가족들에게 진심으로 감사드린다. 그리고 부족한 원고를 보석을 다듬듯 편집해 주신 두란노에도 깊은 감사를 드린다.

보석을 캐는 리더

죄악되고 연약한 사람을 택하시고, 생명을 주신 후 날마다 안아 주시고 바라보아 주시며, 포기하지 않고 동행하시어 세상에서 가장 의미 있는 일에 동참시켜 주신 위대한 발견자, 하나님께 마음 가득한 감사와 사랑을 드린다.

LA에서

백은실

PART 1 /

좋은 질문으로 보석을 캐라

가장 훌륭한 질문은 아직 만들어지지 않았다고 생각하자.
우리 자신과 다른 이들을, 그리고 곳곳에 숨어 있는
수많은 진리를 발견할 수 있는,
멋진 질문들이 살고 있는 새로운 세계로 여행을 떠나 보자.

게티 박물관의 안내원

멀리 있지만 긴 세월을 변함없이 의지하며 지내는 사랑하는 친구가 먼 미국까지 나를 방문해 주었을 때였다. 전업 주부라 먼 곳은 갈 수 없어 낮 시간을 이용해서 남가주 안에 있는 멋있는 곳들을 함께 둘러보았다. 미술과 건축에 조예가 있는 친구라 LA 근교 북쪽에 있는 게티 박물관(Getty Museum)을 좋아할 것 같아 안내했다. 게티 박물관은 미국의 부호 폴 게티가 동부에 비해 문화 예술의 기반이나 여건이 부족한 서부의 LA에 전 재산을 투자하여 만든, 아름다운 쉼터 같은 박물관이다.

친구는 예상대로 박물관의 장엄함에 감탄을 쏟아 내고 있었다. 그런데 그때 나는 엉뚱하게도 박물관 안내원에게 반하여 시간 가는 줄을 모르고 있었다. 다른 관광지의 안내원들은 그곳에 대한 일반적인 사실들을 설명해 주느라 바쁘지만 그는 달랐다. 그 안내원은 우리에게 계속 질문을 하고 있었던 것이다. 어느덧 나는 계속되는 안내원의 질문에 답을 찾기 위해 박물관 곳곳을 관찰하고, 생각하고, 새로운 사실들을 발견하느라 분주해졌다. 질문에 대한 강의로 소그룹 리더들을 훈련하는 일을 평소 하고 있던 나는, 직접 설명하지 않고 관광객들에게 질문을 던져서 스스로 관찰하고 발견하도록 유도하는 안내원과의 만남이 얼마나 경이로웠는지 모른다.

건축물이 말없이 사람과 대화할 수 있는 존재임을 배웠다. 문의 모양과 위치에 따라 그것이 어떤 건물인지 무의식중에 알 수 있다는 사실도, 형태와 색깔에 따라 사람들에게 편안함과 유익함을 줄 수 있다는 것도 배웠다. 또 사람이 많이 모이는 공간과 그렇지 않은 공간, 큰 공간과 작은 공간을 바닥의 무늬 크기에 따라 다르게 나타낼 수 있음도 알게 되었다.

30분 정도 함께 다니면서 평소 흥미롭게 생각하지 않았던 건축과 조형에 대해 시간 가는 줄 모르고 재미있게 배웠다. 그 안내원이 보라고 질문하는 것을 보며 스스로에게 대답해 보고, 느껴 보라고 질문하는 것을 느껴 보고 대답하는 가운데 관람은 끝이 났고, 안내가 끝날 무렵에는 나도 이제 건축에 대해 제법 많은 사실을 알고 있는 것 같은 자신감까지 생겼다. 질문을 통해서 스스로 보고 느끼고 생각하여 발견하도록 한 안내원 덕분이었다.

안내가 끝나고 나는 "정말 고마웠다. 많이 배웠다"고 인사를 했다. 정말 마음속 깊이 그 안내원이 고마웠고, 그의 탁월한 안내에 그저 놀랄 뿐이었다.

질문의 힘

살아가는 동안 질문은 계속된다. 평생 우리는 끊임없는 질문 속에서 살아가고 있다.

닐 포스트먼은 《가르침》이란 책에서 "지금까지 우리가 습득한 지식은 거의 질문에서부터 비롯되었다. 결국 우리는 질문을 통해 모든 내용을 습득한 것이다. 따라서 질문과 답변을 통한 교육은 향후 교육계가 지속적으로 추구해야 할 중요한 학습 방안이다"라고 말했다.

깊이 있는 대화로 의미 있는 교제를 가능케 하는 한 가지 방법은 상대의 관점에서 좋은 질문을 함으로써 마음을 열어 주고, 나누고자 하는 이야기들을 경청하는 것이다.

질문은 견문을 넓히듯 대강 보고 지나쳤던 것을 주의 깊게 보며 관찰하게 한다. 하나님의 말씀도, 사람도, 사물도 질문 앞에서는 대강 보아지지 않는다. 관찰하며 바라보게 된다. 하나님께도, 사람들에게도, 사물을 볼 때도 질문으로 다가가면 볼 수 없는 것들을 보게 된다. 그리고 소문(所聞)을 듣듯이 듣던 것들을 경청하게 된다. 하나님의 음성에도 귀를 기울이게 되고, 사람들의 내면의 소리를 듣게 되고, 사물의 소리 없는 말을 들을 수 있게 된다.

관계를 맺는 상대가 누구든 피상적인 대화만 계속한다면 너무나 피곤한 만남, 전혀 기억에 남지 않는 만남이 될 수밖에 없다.

독서를 할 때에는 읽기에서 묵상으로 넘어가는 중간에 질문이 있다. 그냥 무심코 읽어 가다가 '이것이 무슨 의미일까?'라고 질문하고 다시 읽으면 같은 부분이라도 읽기가 아니라 묵상이 된다. 이것이 질문의 힘이다. 질문은 하나님과 사람의 말을 경청하게 하고, 깊이 관찰하여 알게 하며, 사랑하여 깊이 있고 인격적인 만남을 갖게 한다.

사람은 하나님과, 또 다른 사람들과 교제하며 살도록 창조되었다. 상처받을까 봐 서로 가까워지는 것을 두려워하면서도 사람들은 누군가와 깊이 교제하며 살아가길 원한다. 단순히 관계를 맺고 있다고 해서 서로 깊이 교제를 나눌 수 있는 것은 아니다. 피상적인 대화만을 계속한다면 우리는 너무나도 피곤한 만남, 서로에게 전혀 영향력을 주지 못하고 기억에도 남지 않는 그런 만남을 가질 수밖에 없다.

풍성한 대화를 위해서는 상대의 마음을 열어 주고, 하고 싶은 말을 충분히 하게 해 주고, 잘 들어 주는 기술을 개발해야 한다. 그 중에서도 질문하는 기술은 좋은 관계를 위해서는 반드시 개발해야 하는 중요한 도구이다.

한국 사람들은 주입식 교육에 익숙해서 질문으로 대화하는 것을 상당히 어색하게 여긴다. 그러나 질문은 다른 기술과 마찬가지로 개발할 수 있는 기술이다.

처음 운전을 배울 때는 운전하는 사람들이 이 세상에서 가장 존경스러웠다. 미국 고등학교에서는 운전 필기시험을 통과한 학생들을 네 명씩 묶어 실기 연습을 시킨다. 면허증을 발급받을 수 있는 자격을 학교에서 먼저 주기 때문이다. 그런데 내가 있었던 조에서 언제나 탈락하는 사람은 나였다. 발자국을 떼놓기가 무서워 두 살이 다 되도록 걷지도 못했을 만큼 겁이 많은 내 성격 탓이었다. 그러다 보니 브레이크를 계속 밟고 있다가 내리막길이 나오면 당황해서 액셀러레이터를 세게 밟는 통에 시험관들을 무척 겁나게 만들곤 했다. 그러나 지금은 운전하면서 여유를 부릴 수 있을 정도의 실력이 되었다.

피아노도 마찬가지다. 처음엔 손가락 하나 움직이는 것도 너무 어렵지만, 긴 세월 연습하면 악보를 보지 않고도 잘 칠 수 있고, 더 발전하면 노래만 듣고도 금방 그 곡을 건반 위에 옮길 수 있지 않은가?

질문의 기술도 마찬가지다. 일상의 대화부터 시작해서 언어생활을 질문으로 바꾸려고 노력하다 보면 어느새 좋은 질문자가 되어 있을 것이다.

그러면 왜 질문이어야 할까? 다른 사람에게 질문을 받고 스스로 생각하여 행동할 때와 명령형으로 주입되었을 때, 두 상황이 주는 느낌의 차이를 생각해 보면 그 효과도 짐작할 수 있다.

세미나 때마다 참석한 여자 분들에게 "밥 줘!"라는 말을 들었을 때와 "Can I have dinner, please?"라는 말을 들었을 때 기분이 어떻게 다르냐고 질문을 해본다. 그러면 백이면 백 질문으로 말할 때 훨씬 인격적으로 대접받는 느낌이 든다고 한다. 왜냐면 명령형은 말하는 사람이 그 상황의 주체가 되지만, 질문으로 하면 많은 경우에 듣는 사람이 상황의 주체가 되기 때문이다. 즉 "내게 밥 줄 상황이 되느냐?"는 질문이므로 그 말을 받는 사람은 본인이 육체적인 수고를 해야 함에도 불구하고 섬길 수 있는 것이다.

특히 10대는 어른들에게 설교와 가르침을 받을 때가 가장 싫다고 한다. 그래서 아이들에게 더 이상 우리의 생각을 주입하며 무조건 순종하라고 강요할 수 없다.

어느 날, 큰아이 애리가 운전면허를 막 받은 교회 친구의 차를 타고 먼 거리를 가겠다고 했다. 도저히 허락할 수 없었다. 아이들이 어렸을 때, 학교 버스가 정말 학교에 가는지 걱정이 되어 버스 뒤를 쫓아간 적도 있는 이 소심한 엄마가 이제 막 운전을 배운 아이 차에 애리를 태운다는 것은 상상할 수도 없었다. 하지만 무조건 막으면 교회와 동네에 무식하고 막무가내인 엄마라는 인상을 줄 것 같아 그럴 수도 없었다. 그래서 운전할 아이에게 질문을 했다.

"내가 어떻게 너를 믿고 우리 애리를 네 차에 태울 수 있을까?"

그러자 질문을 받은 아이는 내 입장이 되어 심각하게 생각하는 것 같더니, 기특하게도 내가 걱정하는 마음을 충분히 이해한다며 내 질문에 대한 답으로 자기를 테스트해 보라고 하는 것이 아닌가.

'아! 반가워라. 얼마나 맘에 드는 대답인지.'

보석을 캐는 리더

그날 그 아이가 운전하는 차를 30분 동안 따라다녔고, 그 아이는 네 번이나 심각한 실수를 했다. 30분의 테스트가 끝난 후, 그 아이가 먼저 말을 했다. 더 연습을 많이 해서 안전 운전자가 될 때 다른 아이들을 차에 태워야 할 것 같다고 했다. 나중에 들은 말이지만, 그 아이는 너무 긴장을 해서 손에서 땀이 흘렀다고 한다. 따로 특별히 얘기를 하지 않았는데도 애리와 그 아이는 친구 차를 타게 해 달라고 다시는 조르지 않았다.

난 지금도 아이들에게 하고 싶은 말이 있을 때마다, 조금은 모험심이 필요하긴 하지만, 질문을 하려고 노력한다. 아이들이 스스로 찾아낸 답은 내가 주입하려고 한 것보다 훨씬 지혜롭고, 그들 자신에게 꼭 맞는 방법인 경우가 많다. 그리고 질문을 생각하는 동안 감정적인 부분이 많이 가라앉아서 이성적이고 인격적으로 대할 수 있게 된다. 또 무조건 원하는 것을 성취하려고 생각 없이 조르던 아이들에게 질문을 통해서 상황을 돌아보고 생각할 수 있는 기회를 준다. 그래서 어른들은 직접적인 거절을 하지 않아도 되고, 아이들은 기분 나쁘지 않게 올바른 적용을 발견할 수 있다.

이렇게 질문은 상대방을 섬기는 또 하나의 도구가 될 수 있다. 그리고 질문을 받고 스스로 고민하여 얻은 결론은 강요하지 않아도 믿게 된다. 믿게 된 것은 실천하게 되고, 이를 통해 변화가 일어난다.

이제 여러분들을 질문의 세계로 안내한다. 놀라운 비밀과 해답이 쌓여 있는 신비의 나라로 들어가 보자.

각양각색의 질문 유형을 파악하라

01

대상과 상황에 따라 질문이 달라진다.
지금도 끊임없이 질문은 만들어지고 있다.

아테네의 황금시대를 연 정신적 지도자 소크라테스는 늘 질문을 통해 방법을 제시했으며, 자신의 신념이나 스스로 내린 결론을 강요하지 않았다고 한다.

자신에게 많은 질문을 던지는 사람은 자신의 생각을 타인에게 맹목적으로 강요하거나 일방적인 복종을 원할 수 없다고 한다. 자신의 내면을 객관적으로 평가할 수 있는 사람은 당연히 겸손할 수밖에 없고, 겸손한 사람들은 자신의 생각을 강요할 수 없기 때문이다.

자신에게, 또 다른 사람들에게 지혜롭고 인격적인 질문을 하며 살아가기 위해 질문을 집중적으로 연구하여 자신과 다른 사람들을 새롭게 발견해 가는 창조적인 리더들이 되었으면 좋겠다.

이제 질문에는 어떤 종류가 있는지 살펴보자. 그리고 우리가 가장 잘 활용할 수 있는 유형을 찾아서 구체적으로 연구하여 익숙한 도구로 활용해 보자.

육하원칙(六河原則)이라는 기본적인 질문의 원칙은 세계 어느 곳에 가도 같지만, 질문의 종류는 다양하다. 그리고 질문 유형들마다 각기 다른 기능을 가지고 있다.

"직장이나 학교, 가정이라는 공간에서 질문은 교육의 첫 단계이다"라고 말한 하버드대학교 경영학과의 크리스튼슨 교수는 자신의 저서 《진정한 교육》에서 질문과 답변을 통한 "쌍방 학습 방법은 서구 문명을 이끈 대화, 즉 소크라테스의 가르침에서 비롯되었다"라고 설명했다. 그리고 다음과 같은 10가지의 질문 형식을 거론했다.

✦ 크리스튼슨 교수의 10가지 질문 형식

① **결론 제시형 질문** : 그렇다면 GM사의 대응은 어떠했는가?

② **문제 제기형 질문** : 이 문제에 대한 대처 방안은?

③ **정보 유출형 질문** : 작년 프랑스의 국민 총 생산량은?

④ **도전적 답변 유추형 질문** : 그 사람을 인정하는 이유가 무엇인가?

⑤ **동기 유발형 질문** : 정부가 시행할 의료법에 반대하는 운동이 필요한 이유는?

⑥ **연속적 가치 유출형 질문** : 지금까지 거론된 내용에 따라 우리가 나아갈 방향과 각 단계에 적용할 방안은?

⑦ **예상형 질문** : 그 결론이 가장 효과적이라면, 일본 자동차는 어떤 식으로 대응하리라 예상되는가?

⑧ **가설 유추형** : 노조가 파업을 일으키지 않는다면 회사로서는 어떤 이익을 기대할 수 있는가?

---

⑨ **확장 유도형 질문** : 보스턴의 병 생산 공장에서 일어난 파업 사태를 보고 내린
결론은 무엇이며, 이 사태가 여타 대도시의 주요 생산 기지
에 미칠 영향은 어느 정도라고 생각하는가?

⑩ **일반적 질문** : 이동 통신 및 컴퓨터 산업의 기술혁신을 이끄는 원동력은 무엇이
라고 생각하는가?

- 로널드 그로스, 《리더는 질문으로 승부한다》에서

크리스튼슨 교수의 질문 유형들은 이처럼 경영 부문에서 많이 활용
될 수 있다. 그는 자신에게 적합한 질문 유도 방식을 고르는 것도 좋다
고 소개한다.

♦ 개방형 질문과 단답형 질문, 그리고 폐쇄형 질문

개방형 질문 : 다른 사람들의 생각을 열어 주고 자유롭게 생각을 답할 수 있도록 하
는 질문이다.
"이 문제에 대해서 어떻게 생각하나요?"

단답형 질문 : 어떤 특정 정보를 얻고자 할 때 사용한다.
"이 일을 위한 예산은 얼마인가요?"

폐쇄형 질문 : "예"나 "아니오"로밖에 답할 수 없는 질문으로, 주입식 질문이 된다.
"성공은 실패의 어머니라고 생각하지 않는가?"

다음의 질문 유형은 좋은 관계를 형성하고 인격적인 만남을 갖기 위해 가장 쉽게 적용할 수 있는 질문 방법으로, 학습법의 기본적인 원리로 널리 쓰이고 있는 유형이다.

♦ 인격적인 접근을 위한 4단계 질문 유형

도입질문(Icebreaking) : 눈높이를 맞추며 마음을 열기 위한 일반적인 질문이다.

관찰질문(observation) : 사실을 보게 하고 관찰하게 한다.

해석질문(interpretation) : 관찰한 사실이 무엇을 의미하는지 느끼고 생각하게 한다.

적용질문(application) : 그 사실이 자신에게 어떤 영향을 줄 수 있는지 발견하게 한다.

소그룹 리더들이나 자녀를 양육하는 부모들에게는 무엇보다도 어떻게 하면 좋은 질문 기술을 터득하느냐가 관건이다.

어떤 유형의 질문을 사용해야 가장 효과적이냐는 질문을 자주 받게 되는데, 그것은 대상과 상황에 따라 다르기 때문에 모든 상황에서 "가장 좋은 질문의 유형은 이것이다"라고 정할 수가 없다.

아무래도 사회생활을 하면서 회의를 주도해야 하거나 공적인 위치에서 질문을 던져야 할 때는 크리스튼슨 교수의 질문 유형을 활용하는 것이 좋을 것 같다. 그러나 평상시에 가족이나 친구들과 대화를 나누며 인격적 관계를 형성하는 도구로 질문을 사용하고자 한다면, 4단계 질문 유형을 개방식 질문 방법과 함께 사용하면 어렵지 않게 생활 속에서 질문자로 살아갈 수 있을 것이다.

인격적인 만남을 위한 네 가지 질문 유형

도입질문의 비밀

세상이 빨라지고 시대가 발달할수록 사람들의 성격은 급해지고 여유가 없어진다. 그래서 대화를 시작할 때도 다 생략하고 본론부터 말하고 싶어 한다. 젊은 세대일수록 그런 것 같다. 이런 사람들이 옛날 어른들처럼 하고 싶은 말을 시에 담아 읊고, 먼저 침묵으로 눈빛으로 마음을 여는 여유를, 그 심오한 뜻을 어떻게 이해할 수 있을까?

이처럼 편안하게 여유를 가지고 시작하는 대화가 자연스럽지 않은 시대에 살고 있기 때문에, 의식적으로 이 도입질문을 생각하고 활용하며 살아야 하지 않을까 싶다.

도입질문의 중요한 기능은 상대방의 마음을 여는 열쇠 역할이다. 우리가 선생님이나 목사님, 상사 앞에선 왠지 조심스러워지고 말하기가 힘든 이유는 그분들을 나와는 함께할 수 없는 경지에 있는 분들이라고 여기기 때문이다. 이렇듯, 대화에서 상대가 나와 수준이 다르다고 느끼면 마음을 열고 대화하기 어렵다. 가장 좋은 방법은 대화를 나눠야 할 대상과의 공감대를 형성하여 그것을 나눌 수 있도록 질문을 던지는 방법이다.

요한복음 4장에서 예수님이 사마리아 수가 성 우물가에서 한 여인을 만나신다. 그리고 그 여인에게 물을 청하신다. 사회적으로는 사마리아 여인이 감히 가까이할 수 없는 유대 랍비이시고, 영적으로는 하나님의 아들이신 그분이 여인에게 먼저 다가갔다.

이 세상을 다 가지신 그분이 바로 그 시간 그 여인이 줄 수 있는 유일한 것인 물을 청하며 공동 관심사를 가지고, 대화를 여셨다. 물을 뜰 그릇도 없는 예수님은 자신을 그 여인보다 더 도움이 필요한 사람으로 낮추시고 그 여인에게 다가갔다. 그것이 그 여인의 마음을 열어 사마리아 수가 성의 모든 사람을 하나님께 인도하는 첫걸음이 되지 않았는가?

상대방이 문제가 많고 힘든 사람일수록 처음에 어떻게 대화를 열며 관계를 시작하는가가 중요하다. 특히 상대방의 예민한 부분이 무엇인지, 어떤 상처를 안고 사는 사람인지를 생각하며 다가가야 한다. 예를 들어, 요즘은 이혼 가정과 그로 인한 자녀들 문제가 많기 때문에 너무 개인적인 상황을 무례하게 드러내는 식의 질문은 피하는 것이 좋다. 그렇다고 너무 피상적인 질문은 깊이 있는 대화를 나눌 수 없게 하므로 다정하면서도 무례하지 않은, 공감대가 형성되는 질문이 좋겠다.

미국 교단에서 소그룹 인도자 훈련 강사로 나를 불렀을 때 당시 국제 대표였던 베티 벨드먼(Betty Veldman)을 처음 만났다. 딴에는 나의 보스가 될 분과 인터뷰를 하는 자리였다.

둘이서 점심 식사를 하러 갔는데, 떨리기도 하고 무슨 말을 해야 할지 조금은 난감했다. 게다가 내 자질과 경험을 알아보려 할 것 같아서 무척 긴장한 상태였다.

그분은 "바쁜 남편과 살며 어린아이들을 키우기가 매우 힘들 텐데, 어떤 때 가장 힘드냐?"고 질문했다. 그러고는 자기도 내 나이 때, 혼자 지낸 시간이 많아 무척이나 힘들었다고 얘기했다. 그때 나는 출장 때문에 1년에 35주 이상 집을 비우고 있는 남편의 부재 속에서 어린아이들을 양육해야 하는 상황이었다. 너무 귀한 일이긴 하지만, 새롭게 사역을 시작해야 하는 부담으로 두려움과 갈등이 컸던 상황이었다. 전혀 예상치 못한 질문이라 한동안 나는 대답을 못했다. 내 상황과 마음을 다 알고 만져 주시는 그분의 마음이 따뜻한 눈빛과 함께 전해져 와 대답 대신 눈물이 주르륵 흘러내렸다. 앞으로 아이들 양육 때문에 일하는 데 지장은 없겠느냐고 인터뷰하는 보스가 아니었다. 그분은 같은 여자로서 바쁜 남편의 도움 없이 아이들을 양육하며 사역까지 하는 것이 얼마나 힘든지를 알고, 위로하고 격려해 주었다. 다정한 친구로 내게 다가오신 것이다. 나는 그 순간 그분과 함께 사역을 하고 싶었다. 이분처럼 다른 사람의 마음을 헤아리고 따뜻하게 해 주는 리더가 되고 싶었다.

그분이 따로 말씀하시지 않으셨지만, 난 바쁘고 외로운 일상

가운데서도 맡겨진 일들을 충심으로 감당해야겠다고 다짐했다. 그리고 뜨거운 기도를 받고 따뜻한 마음으로 돌아올 수 있었다.

도입질문은 대화를 위해 마음을 여는 열쇠라고 했다. 학교에서 돌아온 아이들에게 "시험 잘 봤니?", "공부할 것 많니?", "숙제 많니?" 등의 폐쇄형 질문을 던지면, 자녀들은 부모가 자신보다 공부를 더 중요하게 여긴다고 느낀다. 그리고 "네"라는 대답밖에 들을 수 없다.

대신 "지금부터 제일 하고 싶은 것, 제일 먹고 싶은 것이 뭐니?"라고 질문해 보자. 아이들의 지친 상태를 알아주는 엄마의 마음이 기분 좋게 전해질 수 있다. "오늘 학교에서 있었던 일들 중에 제일 좋았던 일 몇 가지만 얘기해 줘" 같은 질문들은 지치고 힘든 아이들의 마음을 밝게 해 주고 소망과 쉼을 주어서 대화를 하고 싶게 만든다. 배우자끼리도 마찬가지다. 가정은 안식을 나누는 곳이므로 마음을 열 수 없으면 함께 가꾸어 나가기 어렵다.

마음을 여는 열쇠로서의 도입질문은 공감대와 소망, 격려와 쉼을 줄 수 있다.

관찰질문의 비밀

어떤 시각으로 보느냐에 따라 사물도, 상황도, 사람도 다르게 보인다. 켄 가이어(Ken Gyer)가 쓴 《영혼의 창》은 내게 새로운 시각을 발견하게 해 준 책이었다. 영혼의 창이라는 새로운 시각을 통해서 세상을 보고, 사람과 사물을 눈으로 보는 것이 아니라 존중하는 마음으로 보는 법을 그 책을 통해 배웠다. 그 후 성경을 보았을 때 놀라운 사실을 발견했다. 성경 안에는 예수님이 먼지를 털어 액자에 끼워서 보여 주시기 전에는 누구도 볼 수 없는 수많은 그림이 있었다. 사람들에게 손가락질 받고 살았지만 예수님이 보고 싶어 뽕나무에 올라간 삭개오의 왜소한 모습, 수많은 군중 사이를 지치고 병든 몸으로 헤치고 나와 아무도 모르게 예수님의 옷자락을 잡는 여인의 손, 예수님을 배신한 직후 그분의 슬픈 눈빛을 마주해야 했던 베드로의 눈빛…. 예수님의 시각으로 그 그림들을 관찰해 보니 하나하나가 너무도 소중했다.

관찰질문은 보아야 할 것들을 볼 수 있도록 시각을 열어 주는 도구다. 그리고 관찰질문은 상대의 현재 모습을 스스로 정확히 볼 수 있도록 해 줄 뿐 아니라, 지금 처한 상황이나 고민하는 문제 등을 성숙한 시각으로 볼 수 있도록 해 준다.

다른 사람이 봐서 의견을 얘기해 주면 자신이 직접 발견하는 기쁨을 누릴 수 없을 뿐더러 동의하지 않고 인정하려 하지 않을 수도 있다. 본인이 직접 보고 깨달을 수 있도록 액자에 그 그림을 넣어 주는 것이 질문자의 책임이다.

더없이 친밀하게 지내는 사이좋은 아이들이긴 하지만, 한때 큰아이가 작은아이에게 함부로 대하거나 곱지 않게 말하는 것이 영 마음에 걸렸던 적이 있었다.

보석을 캐는 리더

"애리야, 네가 요즘 유리를 대하는 태도와 밖에 나가서 친구들을 대하는 태도를 한번 봐. 뭐가 다른 것 같으니?"

감정이 풍부한 애리는 금방 눈에 눈물이 고인다. 그러고는 미안하다고 동생을 안아 주었다. 내가 본 모습을 말해 주며 고치라고 윽박질렀다면 억울하다고 울고 있었을 아이가 자신의 잘못된 모습을 스스로 보고 미안한 마음에 눈물을 보인 것이다.

우리는 누구나 자신을 불쌍히 여기고, 자신의 문제를 다른 사람들의 문제보다 더 심각하게 여기며 살아간다. 어떤 때는 현실보다 훨씬 절망적으로 자신의 상황을 보기도 한다.

객관적이고 긍정적인 시각으로 과장하지 않고 정확하게 모든 것을 관찰하고 볼 수 있도록 눈을 열어 주는 것이 관찰질문이다.

요한복음 8장에서 간음하다 잡혀 와서 군중 앞에 던져진 여인에게 예수님이 던진 질문은 "너를 정죄한 자가 없느냐"였다. 용서를 통해 여인에게, 눈을 떠서 보고 싶지 않은 자신의 절망적인 상황을 볼 수 있는 시선을 주신 것이다. 그 여인이 "정죄한 자들이 없다"고 대답하자, 예수님은 "나도 너를 정죄하지 아니하노니 가서 다시는 죄를 범하지 말라"고 하심으로써 은혜받은 현실을 발견하게 해 주고 소망을 주셔서 일어설 힘을 주셨다. 관찰질문은 숨겨져 있는 중요한 것들을 발견할 수 있도록 우리의 눈을 열어 주는 돋보기다.

해석질문의 비밀

해석질문은 보고 발견한 것이 무엇을 의미하는 것인지 묵상할 수 있도록 안내하는 도구다. 경청하지 않고 대강 듣고, 관찰하지 않고 대강 보고 지나간 것은 묵상할 수 없다. 또 쉼과 여유 없이 서둘러서 듣고 봤을 때도 묵상의 여유를 가질 수 없다.

묵상은 마음으로 한다. 해석질문에 대한 답은 우리의 마음을 움직이게 한다. 켄 가이어는 《묵상하는 삶》에서 "묵상하는 삶이란 영원히 의미 있는 것을 심을 수 있도록 마음을 준비하며 살아가는 삶이다"라고 했다.

아직 젊은 나이에 대학 선배가 하늘나라로 갔다. 평소에 너무 건강했고, 사람들을 따뜻이 보살피고 충성스럽게 교회를 섬기던 하나님의 사람이 암 선고를 받은 지 3주 만에 세상을 떠났다. 충격에 빠진 가족과 친지들은 하나같이 "하나님이 왜 이런 사람을 이렇게 빨리 데려가셨느냐?"고 질문하며 하염없이 울고 있었다. 장례식장에 앉아 있던 내 머릿속에도 동일한 질문이 맴돌고 있었다. 그때 우리 모두의 혼란을 멈추게 해 준 사람이 나타났다. 바로 선배의 아들이었다.

조사를 낭독하는 그 아이는 열여섯 살이었다. 어른들도 나와서 감정 정리를 못하고 울먹이며 순서를 진행하는데, 어린 나이에 아버지를 잃은 그 소년은 오히려 담담했다. 그 소년은 조사 중에 이렇게 말했다

"하나님께 왜 이 사람을 데려가셨느냐고 질문하지 말아 주십시오. 대신 이 귀한 사람을 먼저 하나님께 보내고, 우리는 무엇을 깨닫고, 우리의 남은 날들을 어떻게 살아야 하겠는지를 질문해 주십시오."

순간 머리가 서늘해지고 고요해졌다.

"아버지는 훌륭하게 사셨고, 저는 아버지처럼 하나님과 사람들을 섬기며 살아가고 싶습니다."

'선배는 정말 훌륭하게 잘 살았구나. 아이를 저렇게 잘 길렀구나!'

감동적이었다. 그 소년은 그 자리에 모인 모든 사람들에게 아버지의 죽음을 하나님의 시각으로 보고 해석할 수 있는 묵상의 기회를 주었다.

우리는 일상생활에서 많은 해석질문들을 던지며 살아간다.

"이렇게 하지 말라고 했는데 왜 그랬어?"

"누가 이렇게 하라고 말한 거야?"

"그렇게 살아서 뭐가 되겠니?"

"왜 나한테는 이런 힘든 일만 있는 거야?"

불행하게도 우리가 던지며 살아가는 수많은 해석질문들은 부정적이거나 원망의 시선으로 자신과 타인을 보게 하고 우리의 영혼을 탁하게 만들고 있다.

관찰질문을 통해 읽은 사실을 마음과 생각으로 볼 수 있도록,

긍정적으로 묵상하도록 돕는 것이 해석질문이다. 해석질문을 통해 우리는 상대의 마음이 되어 보고, 하나님의 마음이 되어 본다. 그런 해석질문의 답은 상대의 시각에서, 또 하나님의 시각에서 사실을 바라보고 이해할 수 있도록 마음을 모아 준다.

적용질문의 비밀

해석질문과 적용질문의 차이는 시제에 있다고 해도 틀리지는 않을 듯하다. 그만큼 적용질문은 미래를 위한 것이다. 관찰하여 보고 해석하여 느끼며 묵상하게 된 것을 토대로, 이제 앞으로 어떻게 살겠다는 의지적인 결단을 요구하는 질문이다. 보고 묵상한 사실이 어떤 의미가 있는지 발견하고 변화를 결심하게 하는 것이 적용질문이다.

적용질문을 던질 때 꼭 기억해 두어야 할 원칙은 3P의 적용 원칙이다.

3P의 적용 원칙

3P : Possible application (가능한 적용)

Personal application (개인적인 적용)

Practical application (현실적인 적용)

보석을 캐는 리더

평소 무척 명랑하고 착한 자매가 심한 감정의 기복으로 금방 웃다가도 금방 불같이 화내고, 금방 장난을 치다가는 또 목 놓아 울기도 해서 주위 사람들을 긴장하게 하곤 했다. 개인적으로 만나서 상담을 하고 "이제 같은 상황이 오면 어떻게 반응할지 구체적으로 계획을 세워 보시겠어요?"라고 질문하면 자매는 늘 이런 대답을 했다.

"40일 금식에 들어가겠어요. 매일 기도 시간을 두 시간씩 늘리겠어요."

아무 생각 없이 엄청난 대책을 말하고 있는 자매보다 듣고 있는 내가 더 부담스러웠다. 적용의 3P를 설명해 주며 시간을 가지고 개인적이고 가능한, 그리고 현실적인 적용을 찾아 오라고 했더니 며칠 후 이런 답을 가지고 왔다.

"갑자기 기분이 바뀌려고 하고 이유 없이 화가 나기 시작하면 눈을 감고 20까지 세고, 그 다음에 기도를 하기로 했어요. 그리고 나중에 후회할 말은 입 밖으로 나오기 전에 또 속으로 20까지 세고 기도해 볼 게요."

그 이후로 그 자매는 여유로워지고 잠잠해지기까지 했다. 놀라운 변화였다. 20까지 셈하기의 적용은 너무나 효과적이었다.

해석에만 머물러 있으면 변화와 발전을 만날 수 없다. 적용질문은 과거에서 과감히 떠나 미래로 도약할 수 있도록 움직여 주는 도구다. 과거 때문에 감당하고 있는 현실을 보고 묵상한 것을 바탕으로 앞으로 어떻게 살아야 할지 고민하게 하고, 나아가 결단하게 하는 것이 적용질문이다.

　어려웠던 과거를 지적하여 충격요법으로 변화를 이끌려고 시도하는 태도는 오히려 상처를 낳게 한다. 변화를 낳는 적용질문은 어려웠던 과거에서 눈을 돌려 새로운 미래를 그려 보게 하는 것이다. 즉 그 미래를 위해서 어떻게 변화하고 싶은지를 구체적으로 생각하고 발견할 수 있도록 안내하는 것이다. 이렇게 스스로 발견한 적용은 우리를 변화된 삶으로 인도한다.

무궁무진한 질문의 세계

이것으로 질문의 종류를 모두 다 소개한 것은 아니다. 수없이 다양한 질문이 있을 수 있고, 지금도 만들어지고 있을 것이다. 나는 타고난 질문자는 없다고 생각한다.

누구나 하고 싶은 말을 편안하게 하고, 내 뜻대로 다른 사람들이 움직여 주기를 원한다. 그렇다면 우리의 사고를 바꾸는 것이 우선이다. 처음부터 질문의 종류를 다 이해한 후 시작하지 않아도 된다. 그보다 먼저 주입하고 강요하는 언어 습관을 질문으로 바꾸겠다고 결단하는 것이 더 중요하다. 그리고 일상생활에서 질문으로 대화하고 사고하는 것을 의지적으로 실천하기 시작하면 수없이 아름답고 좋은 질문이 만들어질 것이다.

가장 훌륭한 질문은 아직 만들어지지 않았다고 생각하자. 우리 자신과 다른 이들을, 그리고 곳곳에 숨어 있는 수많은 진리를 발견할 수 있는, 멋진 질문들이 살고 있는 새로운 세계로 여행을 떠나 보자.

진정한 여행

나짐 히크메트

가장 훌륭한 시는 아직 쓰여지지 않았다.
가장 아름다운 노래는 아직 불려지지 않았다.
최고의 날들은 아직 살지 않은 날들
가장 넓은 바다는 아직 항해되지 않았고
가장 먼 여행은 아직 끝나지 않았다.

불멸의 춤은 아직 추어지지 않았으며
가장 빛나는 별은 아직 발견되지 않은 별
무엇을 해야 할지 더 이상 알 수 없을 때
그때 비로소 진정한 무엇인가를 할 수 있다.
어느 길로 가야 할지 더 이상 알 수 없을 때
그때가 비로소 진정한 여행의 시작이다.

보석을 캐는 리더

마음과 마음을 연결하는
질문 기술을 개발하라

02

생각은 현인처럼, 표현은 범인처럼 하라.
쉬운 언어로 구성된 질문이 좋은 질문이다.

"질문으로 답을 한다"는 말이 있다. 답을 말하는 것보다 질문을 함으로써 더 의미 있는 결론에 도달할 수도 있다는 말이다. 좋은 질문은 깊이 있는 대화를 가능하게 하고, 상대의 마음을 열어 그 마음을 들을 수 있도록 해 준다.

반면, 피상적인 대화만이 이어질 때 그 만남은 너무나도 피곤하고 무의미해진다. 질문은 대화의 핵심을 끄집어내어 긴밀한 대화의 창을 열어 줌으로써, 그룹 내의 관계를 강하게 이어 주는 끈의 역할을 한다.

그래서 의미 있는 만남을 위해서는 '좋은 질문'이 필요하다. 그렇다면 깊이 있는 대화의 마중물이 되는 '좋은 질문'이란 어떤 것일까? 좋은 질문자가 되기 위하여 어떤 질문이 좋은 질문인지 생각해 보자.

좋은 질문의 다섯 가지 특징

좋은 질문은 쉽고 명확하다

"생각은 현인처럼, 표현은 범인처럼"이라는 문장은 수사학의 핵심이다. 현학적이거나 난해한 단어들이 섞여 있는 질문이 좋은 질문이 아니라 초등학교 수준에서 표현할 수 있는 쉬운 언어로 구성된 질문이 좋은 질문이다. 질문이 쉬우면 답도 찾기 쉽다.

대화에서의 질문은 3분 안에 답이 가능한 질문이라야 한다. 어려운 질문은 일단 이해할 수 없어 답을 찾지 못한다. 반면, 쉬운 질문으로 얻은 발견은 쉽게 다른 사람들에게 전달할 수 있는 효과가 있다.

교회에서 주일학교 사역을 감당하는 동안 하나님이 같은 본문을 가지고 어떻게 하면 쉬운 말로 전달하고, 쉬운 말로 질문할 수 있을지 고민할 기회를 주셨다. 그때는 너무 어렵다고 불평한 적도 있었지만 돌아보니 그 시간들이 보석 같은 재산이 되었다.

좋은 질문은 인격적이고 따뜻하다

인격적인 질문이란 스스로 돌아보고 생각할 수 있는 질문이다. 하나님이 인간에게 던지신 최초의 질문은 "아담아, 네가 어디 있느냐?"(창 3:9)였다. 그것은 눈에 보이는 위치를 물으신 것이 아니라 보이지 않는 영적인 상태를 보기 위해 던지신 질문이었다. 그때 아담은 부끄러워 숨어 있는 자신의 모습을 보게 된다. 하나님은 동생을 죽인 가인에게도 "가인아! 네 아우 아벨이 어디 있느냐?"고 질문하신다.

예수님은 제자들에게 "사람들은 나를 누구라 하느냐?", "너희는 나를 누구라 하느냐?", "베드로야! 네가 나를 사랑하느냐?" 하시며 그들의 신앙을 돌아볼 수 있는 질문들을 던지셨다.

아담과 가인과 베드로를 바로 야단치지 않고 질문으로 다가오신 하나님의 마음을 묵상해 보자. 우리를 정죄하실 수 있는 유일한 존재이신 그분이 정죄 대신 질문을 주신 이유는 무엇일까? 스스로를 돌아보게 하고 생각하게 하기 위해서이다. 그것이 바로 인격적인 질문이다.

좋은 질문은 강조하지 않는다

하고 싶은 얘기를 질문에 다 담아 놓고 끝 부분만 "그렇게 생각하지 않으시나요?"라고 질문하는 것은 질문이라기보다는 주입에 가깝다. 질문에 자신의 생각과 설교를 담으면 상대방에게 생각하고 고민하여 발견할 수 있는 기회를 빼앗는 일이 된다.

성경 말씀만 보아도 주옥같은 메시지가 떠오르는 목사님들은 질문 만들기 실습 시간을 매우 재미있게 해 주신다. 질문을 만들어 보고 발표하는 시간에 한 편의 주옥같은 메시지를 말씀하신다. 그런 메시지가 학습자들로부터 나올 수 있도록 질문을 만드실 때까지 반복해서 안내해 드리면, 워낙 말씀 사역을 하시는 분들이라 일단 발동이 걸린 후에는 참 좋은 질문들을 만드시게 된다. 그리고 질문의 종류에서 소개했던 단계적 질문 방법을 설교 준비에 적용하시는 분도 많다.

CRC(북미주 개혁장로교단)에서 발행하는 〈Reach〉라는 월간지 1994년 3월호에 '과연 나는 어떻게 설교하고 있는가?'라는 제목의 글이 실렸다.

♦ 과연 나는 어떻게 설교하고 있는가?

1. 본문을 통해 성도들이 무엇을 알기 원하는가?

   (What do I want my hearers to know?)

2. 본문을 통해 성도들이 무엇을 느끼길 원하는가?

   (What do I want my hearers to feel?)

3. 본문을 통해 성도들이 무엇을 결단하기 원하는가?

   (What do I want my hearers to do?)

이 질문들 앞에 목사님들은 주입하지 않고 교인들이 전인격적으로 말씀을 만날 수 있는 설교를 위해서 고민하며 연구하실 것이다.

좋은 질문은 포인트를 발견하게 한다

<u>스스로</u> 찾아내고 발견할 수 있도록 도와줄 수 있는 질문이 좋은 질문이다.

아이들과 함께 성경을 읽다 보면 아이의 발견이 너무 놀라워 많은 것들을 배운다. 어느 날 저녁, 함께 말씀을 읽다가 "너희는 세상의 빛이라"(마 5:14)에서 모두가 멈췄다. 작은아이가 "예수님이 '나는 세상의 빛이라' 하신 것은 이해가 되지만, 어떻게 우리가 세상의 빛이 될 수 있을까?"라고 질문했다. 그러자 큰아이가 "빛의 근원이 되는 빛은 어떤 빛이고, 그 빛에 반사되어 비추는 빛은 어떤 빛일까?"라고 질문했다. 그러더니 "우와! 해와 달이 그렇잖아. 해에게서 빛을 받은 달이 또 하나의 빛이 되잖아요"라고 하는 것이 아닌가.

처음부터 해와 달의 이치로 말해 주고 싶어 입이 근질거리던 나는 이 아이들의 발견을 들으면서 박수를 쳤다.

"정말 놀라운 발견이구나!"

그날 자기 전, 작은 아이가 이렇게 기도했다.

"예수님, 예수님이 아니었으면 저는 우주 속에 떠 있는 검은

혹 덩이지만, 예수님 때문에 세상을 비추는 또 하나의 빛이 될 수 있어요. 예수님이 비춰 주시니 이제 세상을 비추는 빛으로 살고 싶어요."

질문이 효과적인 이유는, 스스로 고민하고 얻은 결론은 강요하지 않아도 믿을 수 있기 때문이다.

좋은 질문은 긍정적인 시각을 준다

나는 별로 긍정적이지 못한 사람이지만, 긍정적인 사람과 함께 있기를 좋아한다.

아이를 잃고 누워 있을 때, 어떤 사람은 "몸이 건강하지 못한 사람은 계속 이런 일이 있다던데…"라고 하는 반면에, 다른 사람은 "다음 애기 낳으면 이름을 뭐라고 할 거예요?"라고 물어 본다. 생기지도 않은 아이를 가지고 기가 막혀 하면서도 뭔가 소망을 가지고 행복한 장래를 위한 그림을 그리게 하는 질문이다.

같은 상황이라도 보는 시각에 따라서 얼마나 달라지는지 모른다. 늦게까지 공부나 일을 하고 자는 가족에게 "이제부터 몇 시간이나 잘 수 있겠어요?"라고 하면 잘 수 있는 시간에 초점을 맞추게 되지만, "공부도 그것밖에 못하고 자서 어떡하니?"라고 하면 다 하지 못한 일이나 공부 때문에 자면서도 괴로워하게 된다.

하나님께 감사를 많이 드리다 보면 더 많이 감사할 일이 생기는 것처럼, 다른 사람들과 또 자신의 시선을 긍정적으로 모으려 애쓰다 보면 좋고 기쁜 일이 더 많이 보이게 되고, 더욱 큰 기쁨으로 살아가게 된다.

질문의 효용은
질문자의 태도에 따라 결정된다

03

질문을 받는 사람의 입장에서 질문하라.
그때 상대의 마음을 열 수 있다.

상황과 개인에 맞는 질문을 하기 위해서는 돌보는 사람들을 잘 관찰하여 늘 정보를 수집해야 한다.

지금부터 약 27년 전, 대학 청년부를 인도하던 나에게 목사님이 새 신자반 성경 공부를 인도하라고 하셨다. 왠지 훨씬 더 쉬울 것 같다고 생각되어 별로 고민하지도 않고 첫 모임에 나갔다.

"자, 돌아가며 한 절씩 성경을 읽어 주시겠어요?"

한 절씩 잘 읽고 공부가 시작됐다. 그때만 해도 질문에 대해서 잘 배우지 못했을 때라 열심히 준비한 강의안으로 새신자들을 가르치고 있었다. 그런데 그 중 한 분이 처음부터 끝까지 눈물을 훔치고 계셨다. '저분이 오늘 내 강의에 엄청나게 은혜를 받고 있구나'라고 생각했다. 그런데 다음날 일어나니 난감한 현실이 기다리고 있었다. 어제 울던 그 자매가 한글을 잘 못 읽는 분인데 성경을 읽으라고 해서 겨우 읽고는 너무 창피하고 신세가 한스러워 계속 울다가, 이제 교회에 안 나오겠다며 그동안 낸 여선교회 회비까지 환불받아서 돌아가셨다는 이야기를 듣게 되었다.

그동안 나 때문에 교회에 오신 분들은 있었어도 잘 다니던 분이 나 때문에 교회를 나간 적은 한 번도 없었고, 상상조차 한 적이 없던 일이기에 그 충격은 이루 말할 수가 없었다. 만나 뵙고 싶었지만 그럴 기회도 주시지 않고, 그러다가 다른 나라로 이민을 가셨다.

그 이후로 새신자부 모두와 개인적인 시간을 가지면서 그분들의 형편이 어떤지 관찰하기 시작했다. 의외로 재혼한 분, 아이가 없는 분, 경제적으로 어려운 분 등 상황이 다양했다. 공부 잘해서 대학 졸업하고, 좋은 직장과 좋은 배우자 만나기를 원하며 살아가는 학생들과는 또 다른 세계였다. 그분들의 연약한 부분들이 무엇인지, 아픔이 있는 부분들이 무엇인지 기록해 가면서 모두 함께 모이는 시간에는 그분들의 아픔을 건드리지 않고 오히려 다독거려 줄 수 있는 질문과 격려의 말들을 준비하기 시작했다.

그때 그렇게 떠나신 분, 어디에 계시든지 죄송하다는 말씀을 전하고 싶다.

💎 발견의 도구 3
마음을 이끄는 질문자의 자세

역지사지의 질문자

요한복음 8장에서, 간음하다가 잡혀 온 한 여인을 만나는 예수님을 다시 본다. 정죄하러 몰려온 자들을 돌려보내고 예수님이 그 여인에게 질문하신다.

"여자여, 너를 고소하던 자들이 어디에 있느냐?"

"주여, 없나이다."

이 놀라운 용서의 현장을 그림으로 그려 보며 예수님의 질문을 다시 한번 생각해 보았다. "너 어쩌다가 이렇게 됐니?", "널 이렇게 만든 자가 누구냐?", "너의 아비가 누구냐?" 같은 질문을 하실 수도 있었다. 그런데 예수님의 질문은 그 여인이 과거의 죄가 아닌 용서받은 후의 현장으로 시선을 모으게 해 준다. 그리고 보게 하시고 말하게 하셨다. 그 상황에서 여인이 대답할 수 있는 유일한 질문이었으리라 생각된다.

질문을 받는 자의 입장이 되어 생각하면 그 사람이 대답할 수 있는 질문을 하게 된다. 마음이 닫혀 버리면 말을 할 수 없기 때문이다.

심판자의 자세 No, 학습자의 자세 Yes

말리 애덤스(Marliee G. Adams)는 Change Your Questions, Change Your Life(질문이 바뀌면 삶이 바뀐다)에서 질문자는 누구나 심판자이거나 학습자로서의 질문을 자신과 타인에게 하고 살아가며, 우리에겐 그 질문들 중 하나를 선택할 힘이 있다고 했다.

◆ 심판자의 질문과 학습자의 질문

심판자의 질문	학습자의 질문
뭐가 잘못됐지?	내가 책임질 일은 뭘까?
누구 탓이지?	사실은 뭘까?
내가 옳다는 것을 어떻게 증명하지?	어떤 선택을 할까?
어떻게 다른 사람들을 통제할 수 있을까?	이 일에서 유익한 것은 뭘까?
내가 지거나 상처받지 않을까?	내가 배울 점은 무엇일까?
그 사람들은 왜 그렇게 어리석고 실망스러울까?	다른 사람들의 필요는 뭘까?
왜 날 괴롭히지?	어떤 일이 가능할까?

스스로를 향해서 정죄하고 비판하는 태도를 마음에 품으면 심판자의 질문이 나올 수밖에 없다. 그러한 자세는 주어진 상황과 주위 사람들을 불행하게 만들 수 있다. 다른 사람에게도 마찬

가지다. 내일 아침까지 숙제를 다 끝내야 하는데 밤늦게까지 숙제를 시작도 안 하고 텔레비전을 보고 있는 아이라든지, 하기로 했던 일을 할 생각은 전혀 않고 신문을 보고 있는 남편이나 부인을 보면 화가 난다. 그럴 때 우리는 학습자와 심판자 중에서 자신의 역할을 선택해야 한다.

심판자는 이런 질문들을 한다.

"나도 피곤하고 바쁜데 같은 얘기를 계속 반복해서 해야 하니? 난 뭐 할 일이 없는 사람인 줄 아니? 언제까지 내가 이렇게 계속 잔소리를 해야 네 할 일을 할래? 빨리 안 할래?"

반면, 학습자의 자세로 하는 질문은 조용하지만 힘이 있고 설득력이 있다.

"급할 텐데 지금 하고 자는 게 낫겠니? 내일 아침 한 시간 일찍 일어나서 하는 게 더 좋을까? 일을 시작하면 도와주고도 싶고 맛있는 밤참과 차를 주고 싶은데 언제 일을 시작하고 싶어?"

물론 쉽지도 않고, 자연스럽게 실행하기는 더욱 어려운 일이지만 노력은 언제나 아름답다. 심판자의 자세에서 학습자의 자세로 변화하기 위한 연습은 살아가는 동안 끊임없이 계속해야 할 연습이다.

심판자의 사고방식을 버리고 학습자의 눈으로 자신과 상황과 사람들을 대하면, 두렵고 부정적인 마음을 날려 보내고 희망적이고 기분 좋은 미래를 만들어 갈 수 있다.

보석을 캐는 리더

자신의 연약함에 솔직한 질문자

커피 브레이크 소그룹 리더 훈련 세미나에서 '상황 대처'라는 레슨을 공부하면 "당신이 초조해지고 그룹을 인도하기에 부적절하다고 느껴지면 어떻게 해야 할까요?"라는 상황이 나온다.

아마 누구나 이런 상황을 경험할 수 있으리라고 본다. 그 질문 앞에 그냥 "다른 사람에게 부탁하든지 모임을 다음으로 미룬다"라고 하시는 분들도 있다.

우리가 투명하고 정직하게 우리의 연약함을 고백했을 때, 동일한 연약함을 가지고 살아가는 사람들과 일체감(identification)이 형성되는 효과가 있다고 한다.

"오늘은 제가 집에 어려운 일이 있어서 준비를 잘 못했더니 영 자신이 없어요. 기도해 주세요"라고 고백하고 기도를 받고 나면 얼마나 자유로운지 모른다. 그리고 그런 날은 어려운 질문도 안 하고 얼마나 편안하고 은혜롭게 진행되는지 모른다. 아마 힘든 리더를 배려하는 사람들의 마음 때문일 것이다.

나는 몸도 마음도 너무 연약하기 때문에 연약함을 자랑하며 사는 것이 일상이 되어 버렸다. 예전에는 자존심이 상한다고 생각했고, 그래서 많은 친구를 가까이하지 못했다.

그러나 하나님 나라에서는 연약함을 자랑할수록 내 안에 살아 계셔서 역사하시는 하나님의 강함이 자랑되는 것을 보아 왔다. 그리고 우리가 연약함을 숨기지 않아야 하는 또 하나의 이유는 그것이 사람들의 마음과 입을 열어 주기 때문이다.

창립하자마자 엄청나게 부흥하고 있는 한 교회를 세미나 인도차 방문하여 예배를 드리고 목사님의 설교를 듣게 되었다.

"저는요, 예배 전에 찬양 시간을 온전히 집중해서 가질 때는 너무 충만하고 좋은데 찬양할 때 딴생각하거나 한 날은 영 그렇지가 못해요. 여러분은 어떠세요?"

그 순간, 아마 모든 교인들은 이제부터 찬양 시간에 늦지 말고 온전히 마음을 다해 찬양을 드려야겠다고 다짐했을 것이다.

자신의 연약함을 나누는 리더는 상대의 마음을 열어 주고 공감대와 일체감을 형성하고, 변화될 수 있는 적용을 스스로 찾게 하는 진정한 학습자로서의 리더라고 할 수 있다.

지혜를 구하며 기도하는 질문자

우리의 작은 신음에도 응답하시는 하나님이 다른 사람을 섬기기 위하여 숨겨진 진리를 발견하려고 엎드려 기도하는 우리를 얼마나 기쁘게 보실까?

사람들을 만날 때, 가족이 집에 와서 대화를 나눌 때, 먼저 하나님께 기도하자. 우리의 생각과 말을 다스려 주시기를 기도하자. 지혜를 주셔서 마음을 다치지 않게 하고 회복시켜 주는 질문을 할 수 있도록 기도하자.

질문을 통해
성경 발견의 새 창을 열어라

04

성경 구석구석을 스스로 질문하며 관찰하여 얻은
진리는 생명의 말씀이 된다.

모든 대화의 영역에 질문 방식을 도입하기 시작한 것은 커피 브레이크 성경 공부에서 성경발견학습이라는 새로운 학습법을 소개받은 후였다.

성경발견학습은 네 단계 점진적 질문 방식으로 성경 말씀을 귀납적으로 묵상하는 방법인데, 이 학습법은 내게 40년 동안의 소그룹 성경 공부 사역을 기원전과 후로 나누어 주는 역사적인 전환점 역할을 했다. 뿐만 아니라 새로운 대화 방식도 배우게 해 주었고, 아무 교육 없이 나름대로 홀로 해 왔던 큐티도 그 깊이를 더해 체계를 잡을 수 있게 해 주었다.

쉽고 재미있지만 너무 심오해서 대강 읽을 수 없는 책이 바로 성경이다. 한마디 한마디에 놀라운 의미와 하나님의 마음이 실려 있기 때문이다. 그래서 성경은 인류 역사상 최고의 스테디셀러이고, 가장 많은 사람이 소유하고 거듭 읽기를 원하는 책이 되었다.

소그룹 성경 공부나 가정 예배에서 가장 힘들었던 것은, 누군가가 그 말씀에서 배워야 할 점을 정리해서 가르쳐 주지 않으면 스스로 하기 싫어하는 사람들을 위해 거의 대부분의 시간을 강의에 매달려야 했고, 큐티할 때도 다른 자료들의 해석에 많이 의존하게 되는 것이었다. 많은 성경 공부 교재를 공부했지만 거의 대부분의 교재가 이미 결론이 주어지고 그 결론을 입증할 수 있는 성경 구절들을 찾아보는 식의 공부이거나 결론과 해석이 주입되는 강의식 공부 방법이었기 때문에, 스스로 본문으로 깊이 들어가서 묵상하고 깨닫는 데는 한계를 느낄 수밖에 없었다.

소그룹 성경 공부 인도는 거의 강의식으로 했기 때문에 한 주일 내내 주석과 여러 권의 책을 공부하느라 많은 시간을 보냈다. 그리고 모임이 끝나고 "너무 잘 가르친다"는 칭찬을 들으면 한 주일의 수고가 눈 녹듯이 사라지고 또 집에 가기가 무섭게 다음 강의를 준비하곤 했다.

그러다가 각 그룹의 성격과 상황에 맞는 질문으로 인도하는 성경 발견학습을 커피 브레이크 리더십 세미나를 통해서 배우고, 좋은 질문 만들기에 대한 교육도 받게 되었다. 그 후 20여 년을 이 학습법으로 말씀을 만나며 소그룹을 인도했다. 이 방법이 말씀을 인격적으로 만나는 가장 소중한 학습 도구라고 믿으며 열심히 연구했고, 지금은 리더와 강사들을 훈련하는 일까지 하게 되었다.

학습법을 바꾸고 나서 경험하는 가장 큰 변화는 이제는 모임이 끝나도 아무도 나에게 잘 가르친다고 칭찬하지 않는다는 것이다. 대신 그들이 새롭게 발견한 진리들을 흥분하며 나눈다. 그들은 말씀의 깊은 바다 속으로 들어가 온갖 아름다운 것들을 만나고 캐어 오는 어부와 해녀들이 되었다.

성경발견학습의 특성은 성경 구절을 묵상하여 결론으로 이끌어 가는 귀납적 방법으로 각 개인이 직접 성경과 만날 수 있게 해 준다는 것이다. 그리고 이 학습법의 도구가 바로 질문이다.

♦ 발견의 도구 4
성경발견학습

도입질문으로 대화 열기

"시작이 반이다"라는 말대로 소그룹을 인도할 때, 그 본문을 위한 좋은 도입질문 하나를 준비하는 것은 모임의 분위기를 띄워 주고 말씀 공부 시간을 재미있고 흥미롭게 하는 효과를 준다. 어색한 분위기를 날릴 수 있는 재미있는 질문으로 성경을 모르는 사람들도 자신의 경험이나 생각으로 답할 수 있게 해야 한다.

개인적이고 예민한 얘기를 나누라고 하거나 생김새를 가지고 지적하거나 무례하게 웃기려고 하지 않도록 조심해야 한다.

그리고 중요한 것은 오늘 공부할 본문과도 연관 지을 수 있는 질문이 좋다. 왜냐면 전혀 다른 얘기를 하다가 본문으로 들어가기는 정말 어렵기 때문이다.

한 리더가 요한복음 4장에서 예수님이 우물가에서 수가 성 여인을 만나는 말씀을 공부하기 위해 이런 도입질문을 만들었다.

"만약 우물에 빠지게 되면 어떻게 기어 나오실 겁니까?"

모두가 한바탕 웃고 우물에서 기어 나올 방법을 얘기했다.

"자, 오늘 공부할 본문에도 우물 얘기가 나옵니다. 다 같이 요한복음 4장을 펴 볼까요?"

이렇게 시작하는 모임은 긴장을 푼 채 화기애애한 분위기에서 진행된다.

관찰질문으로 보게 하기

성경을 잘 알지 못하는 분들이나 모임에 오신 지 얼마 안 되어 자신감이 없는 분들에게 적합한 질문이다. 관찰질문들은 말 그대로 성경을 잘 관찰하게 하는 질문이다. 잘 관찰하면 답은 본문에서 찾을 수 있어서 성경 공부가 처음인 분들에게 자신감을 줄 수 있다. 이미 알고 있는 본문이라도 구석구석 관찰할 수 있도록 질문을 던지면 예전에 미처 보지 못했던 부분을 보게 되어 지적인 변화를 경험하게 된다.

관찰질문을 만들다가 "예수께서 길 가시다가 피곤하여 우물 곁에 그대로 앉으시니…"(요 4:6)에서 "예수님의 신체 상태는 어떠셨나요?"라는 질문 앞에, "그대로 앉으시니"라는 답을 찾으면서 나는 갑자기 눈물을 주르륵 흘렸다. 수없이 들은 이야기지만 사마리아 여인을 만나기 전에 예수님이 그렇게 그대로 주저앉을 만큼 피곤하셨는지는 몰랐다. 갑자기 눈물이 난 것은 아마도 전업주부로 살아가며 사역을 감당해야 하는 육체적인 피곤함 때문에 밤마다 그대로 주저앉는 지친 삶이, 예수님의 지친 상태를 발견하는 순간 한없는 위로를 받았기 때문이었으리라. 그 이후에 나는 더욱 열심히 살게 되었다. 아무리 지치고 힘들어도 하나님의 일 앞에서는 피곤함이 핑계가 되지 않았다. 이렇게 성경 구석구석에 숨어 있는 말씀을 관찰하여 새롭게 발견한 진리는 삶에서 생명의 말씀이 될 수 있다.

해석질문으로 마음 움직이기

관찰질문처럼 본문에 답이 나와 있는 질문은 아니지만, 관찰한 사실이 무엇을 의미하는지를 질문하면 학습자들은 말씀을 마음으로 묵상하게 된다. 그리고 말씀의 뜻과 요점 등을 질문하여 함께 나누기도 한다.

"그토록 지친 예수님이 왜 그 여인과 대화를 시작하셨을까요?"라는 질문으로 예수님의 마음이 되어 본다. 자신의 쉼보다도 그 여인을 절박한 삶에서 구하는 것이 우선이라 여기셨던 예수님의 마음을 헤아려 보게 된다.

요나서를 공부할 때, "우리 삶에서 니느웨 성은 무엇일까요?"라는 질문이 던져졌다. 니느웨 성으로 가서 그 백성들을 섬기고 구원받도록 인도하라는 하나님의 명령을 어기고 멀리멀리 도망가려 한 요나는 당대의 선지자였다. 모두가 함께 묵상하는데, 한 자매가 조용히 대답했다.

"제 삶 속의 니느웨는 시어머니입니다."

하기 싫은 어떤 거룩한 교회 일들만 생각하다가 다들 숙연해졌다. '그래, 우리가 미워하고 마음으로 버리고 도망쳐 온 사람들, 그 사람들이 다 니느웨일 수 있구나.' 모두 함께 그 사람들을 떠올렸다. 그리고 착하다고 생각했던 자신들의 불순종의 모습과 마음들을 구체적으로 나누기 시작했다.

성경 구절에 기초하여 생각하고 문맥을 따라 말씀을 해석하도록 인도해 주는 해석질문으로 우리는 마음이 움직이게 되는 정적인 변화를 경험하게 된다. 정확한 해석을 위해 리더들에게는 관주 성경과 영어 성경, 그리고 인도자용 교재를 참고하도록 추천하고 있다.

적용질문으로 발전하기

우리는 가끔 너무 영적이라 관찰과 해석은 건너뛰고, 말씀만 읽고서 바로 적용으로 넘어간다. 관찰과 해석 없이 바로 적용에 들어가게 되면, 많은 경우 새롭게 발견한 사실에 대한 적용보다는 예전에 들어서 알고 있는 메시지로 적용하고, 리더일 경우는 자신이 예전에 은혜 받았던 메시지를 주입하여 강요하려 한다.

적용을 스스로 찾을 수 있도록 질문을 던지는 일은 그 시간에 성령님이 함께하셔서 각자의 삶 속에 꼭 필요한 적용을 찾게 하신다는 확신으로만 할 수 있다. 지난 20여 년 나는 수없이 아름다운 적용들을 들어 왔다. 성령님이 어린아이부터 노인에 이르기까지 얼마나 섬세하고 자상하게 그분들의 필요를 만져 주시고, 해

답을 주시고, 기쁨을 주시는지 볼 수 있는 현장에 있었던 것이 얼마나 감사한지 모른다. 해석과 적용의 중요한 차이점은 시제라고할 수 있다. 적용질문의 답은 항상 미래지향적으로 나와야 한다.과거와 현재만 묵상하면 변화를 위한 의지적인 결단을 내릴 수가없다.

적용은 변화받고 싶은 자신의 부분들을 구체적으로 나누도록이끄는 질문이다. 누가복음 15장의 탕자 이야기를 함께 공부하며던진 "하나님이 너희들에게 이 말씀을 통해서 어떻게 변화하라고말씀하니?"라는 적용질문에 대한 3학년 남자 아이의 대답을 잊을수가 없다.

"하나님이 저에게 우리 아버지를 용서해야 한다고 말씀하셨어요."

그 아이가 그 말씀으로 '탕자 아버지의 마음이 되어 하나님이내게 누구를 용서하라고 하시나'를 생각할 줄은 아무도 몰랐다.

적용할 때는 항상 하나님이 말씀을 통해서 각자에게 말씀하신 바를 나눌 수 있도록 질문해야 한다. 그런 가이드라인을 주지않으면 적용하다가 다른 사람이나 교회 비판을 할 수 있어서 좀위험하다고 할 수 있다.

♦ 소그룹 성경발견학습을 위한 질문자의 태도

1. 성경에 초점을 맞추십시오.

2. 정답을 찾는 시간이 아니라 발견하고 나누는 시간입니다.

3. 한 번에 한 가지씩만 질문하십시오.

4. 질문은 간단하게 하십시오.

5. 결론을 증명하는 식으로 인도하지 마십시오.

6. 서로 대화가 이루어지도록 돕고 서로 포용하는 분위기를 조성하십시오.

7. 전체적인 흐름을 잊지 마십시오.

8. 개방형 질문을 하십시오.

-《커피 브레이크 워크숍》(소그룹 인도자 워크숍 강의안) 에서

생생한 큐티로 이어지는 성경발견학습

큐티는 하나님과의 친밀한 나눔의 역사다. 혼자 말씀과 기도 가운데 하나님을 만나는 거룩한 데이트에서 충분한 대화를 하게 되면 그분에 대한 더 큰 확신으로 살아갈 수 있게 된다.

친구와의 관계에서도 늘 가깝게 지내지만 대화가 뜸해지고 활발하지 못하면 바로 친밀감을 잃게 되는 것과 같이, 하나님과도 함께 있는 시간은 많지만 속 시원한 대화를 못하는 것 같다고 여겨질 때는 불안과 불신이 순식간에 찾아오게 된다.

나는 큐티 시간에 하나님과 또 자신에게 수없이 많은 질문을 던진다. 많은 경우 하나님은 말씀을 통해 명확하게 말씀하시며 치유와 회복, 가르침을 주신다. 큐티 책 본문 옆의 공간은 질문으로 가득 차 있다. 질문은 푸른색 펜으로, 말씀 속에서 찾은 답은 연필로, 적용질문의 답은 빨간 펜으로 적어 둔다. 가끔 말씀을 인도해야 할 자리가 있으면 큐티 때 발견한 말씀을 나눈다. 스스로 발견한 것들이라 따끈따끈하고 신선하다.

아마 아침마다 사랑하는 사람이 메일을 보내 주는 사람은 일어나자마자 가장 먼저 컴퓨터를 켤 것이다. 하나님이 주시는 말씀은 날마다 새롭고 성실하시다. 그 말씀을 잘 관찰하고 해석하며 어떻게 살아야 할지 잘 적용하며 살아가면 하나님은 우리를 통해서 수없이 많은 일들을 이루실 것이고, 그래서 형통하고 넉넉해진 우리는 다른 이들까지 부요하게 해 주는 사람이 될 것이다.

《하나님의 임재 연습》에서 로렌스 형제는 그 여섯 번째 편지를 통해 "만일 복음 안에 나타난 그 충만한 보배를 발견할 수만 있다면 우리는 더없이 행복하지 않을까요? 그 밖의 다른 것은 하나도 중요하지 않습니다. 그것은 무궁무진하여서 파고들면 들수록 더 풍성한 부요를 누리게 될 것입니다. 하나님이 우리가 그 전부를 다 발견할 수 있을 때까지 우리의 찾는 작업도 멈추지 않게 해 주시기를 기도합니다"라고 했다. 진정 우리를 부요하게 하는 것은 말씀 안에서 발견하는 보화들밖에 없다.

"여호와의 인자와 긍휼이 무궁하시므로 우리가 진멸되지 아니함이니이다 이것들이 아침마다 새로우니 주의 성실하심이 크시도소이다 내 심령에 이르기를 여호와는 나의 기업이시니 그러므로 내가 그를 바라리라 하도다 기다리는 자들에게나 구하는 영혼들에게 여호와는 선하시도다"(애 3:22-25).

가정 예배 속의 성경발견학습

유대인들에게 하나님을 공경하는 최고의 기도 방식은 공부하는 일이다. 모든 시나고그에는 빠짐없이 공부하는 장소가 마련되어 있었다. 그 이유는, 공부하지 않는 한 종교는 미신이 되어 버린다는 사실을 알고 있었기 때문이다. 그러므로 전원이 함께 서로 가르쳐야 했으며, 더구나 부모는 언제든지 반드시 자식들의 교사가 되어 주어야만 했다.

-《탈무드(Talmude)》

무엇보다도 이 학습법은 아이들과 함께 드리는 가정 예배를 지켜운 숙제 같은 시간이 아니라 밥 먹는 시간과 함께 하루 중 가장 기다려지는 시간으로 만들어 주었다.

우리 집은 가정 예배를 '패밀리 브레이크(family break)'라고 부른다. 일주일에 한 번 드리거나 요일을 정해 놓고 모이거나 하지 않고 매일 밤 일정한 시간에 예배를 드리는데, 바쁘거나 하기 싫거나 특별한 일이 있는 사람은 참석하지 않아도 된다. 감사한 것은 모두 그 시간을 기다리며 살아가기 때문에, 출장이나 학교행사가 있는 경우를 제외하고는 참석률이 거의 100%라는 것이다.

인도는 돌아가며 하는데, 먼저 본문을 함께 읽고 인도자가 질문을 시작한다. 말씀을 놓고 성경 본문에서 도입과 관찰, 그리고 해석 질문들을 자유롭게 하면서 30분 정도의 시간을 말씀을 나누고 기도하면서 함께한다. 발견학습법은 부모들이 강의하고 설교하는 시간을 없앤다. 어떤 날은 아이들의 질문이 너무 심오해서 심각하게 고민하기도 한다.

우리는 모두 인생의 집을 세워 가는 자들이다. 하나님의 음성을 듣고 그에 따라 행할 때만 든든한 집을 지을 수 있다는 진리가 마태복음 7장 24-27절에 나와 있다.

견고한 인생의 집을 세워 나가야 하는 중요한 이유는 피할 수 없는 인생의 폭풍 때문이다. 이 땅에 살고 있는 한 폭풍우는 피할 수 없지만, 든든한 재료인 말씀으로 튼튼하게 지어 올린 집은 무너지지 않는다. 그런 집을 가진 사람들은 어떤 어려움도 잘 극복할 수 있을 뿐 아니라 다른 사람들도 폭풍우 속에서 살려 낼 수 있을 것이다.

보석을 캐는 리더

그분의 다가옴은 말씀으로 시작된다. 우리의 다가감은 들음으로 시작된다. 그분의 찾음은 보이심으로 시작된다. 우리의 찾음은 봄으로 시작된다. 하나님을 찾는 우리와 우리를 찾으시는 하나님은 일상의 창에서 서로 만난다.

-켄 가이어,《영혼의 창》

1. 성경 본문을 꼼꼼히, 여러 번 읽으십시오.

2. 본문 속의 장면을 연상하며 질문을 만들어 보십시오.

(도입질문 1, 관찰질문 3, 해석질문 3, 적용질문 2)

질문 예시

"사마리아 여자 한 사람이 물을 길으러 왔으매 예수께서 물을 좀 달라 하시니"(요 4:7).

→ 예수님이 여인에게 물을 달라고 하신 이유는 무엇입니까? 그때 여인의 반응은 어떠했습니까?

장면 1> 도망가는 선지자 | 성경 말씀 : 요나서 1장 1 - 16절

_____

_____

_____

_____

_____

장면 2> 당신이 가시는 곳에 나도 가고 | 성경 말씀 : 룻기 1장 1 - 22절

_____

_____

_____

_____

장면 3> 두려움과 위기 앞에서 | 성경 말씀 : 창세기 32장 3 - 32절

_____

_____

_____

_____

장면 4> 너희도 행하게 하려 하여 | 성경 말씀 : 요한복음 13장 1 - 17절

_____

_____

_____

_____

장면 5> 종에서 지도자로 │ 성경 말씀 : 여호수아 1장 1 - 9절

_____

_____

_____

_____

장면 6> 갇힌 중에 낳은 아들 │ 성경 말씀 : 빌레몬서 1장 8 - 25절

_____

_____

_____

_____

장면 7> 그리스도의 흔적 │ 성경 말씀 : 갈라디아서 6장 2 - 18절

_____

_____

_____

_____

보석을 캐는 리더

장면 8> 나는 너희 남편임이니라 | 성경 말씀 : 호세아 2장 2절 - 3장 3절

_____

_____

_____

_____

장면 9> 네가 핍박하는 예수라 | 성경 말씀 : 사도행전 9장 1 - 19절

_____

_____

_____

_____

장면 10> 누가 내 옷에 손을 대었느냐? | 성경 말씀 : 마가복음 5장 25 - 34절

_____

_____

_____

_____

*만드신 질문을 이메일로 보내 주세요. 질문에 대해 저자와 직접 나누실 수 있습니다.

이메일 _ coffeebreakgrace@hotmail.com

홈페이지 _ www.coffeebreakkorea.org

PART 2 /

경청으로 보석을 캐라

만날 때마다 밥을 사 주는 사람,
그렇지만 늘 자기 이야기만 하는 사람.
힘들게 살아서 늘 내가 밥을 사야 하는 사람,
그렇지만 언제든 내 말과 감정을 들어 주는 사람.
우리가 항상 만나고 싶은 사람은
단연 돈이 없더라도 편안한 사람이다.

듣는 능력

Everyone hears what you say.
Friends listen to what you say.
Best friends listen to what you don't say.

아름다운 관계를 형성하려는 사람들에게는, 그리고 누군가를 발견하도록 안내하는 사람들에게는 경청을 제대로 배우고 실천하는 것이 얼마나 중요한 도구인지 모른다.

미국에 도착한 첫날이었다. 이민 가방을 끌고 가족과 함께 마중 나온 사람을 따라 길을 건너려고 공항 건널목에 서 있었는데, 한 백인 할아버지가 다가오더니 내게 뭔가를 말씀하시는데 도무지 무슨 말인지 알아들을 수가 없었다. 멍하니 바라보고 있는 날 기운 없이 쳐다보던 그 할아버지는 무거운 가방을 끌고 길모퉁이로 가더니 횡단보도 단추를 누르셨다.

'아! 그 말이었구나.'

"Could you please push that crosswalk button?(저 건널목 단추를 눌러 줄래?)"

종이에 써 주셨으면 금방 이해하고 해 드렸을 텐데 도무지 알아들을 수가 없었다. 난 혹시 마중 나온 사람이 눈치 챌까 봐 미안하다는 말

보석을 캐는 리더

도 못하고 발길을 돌렸다. 충격이었다. "미국 가면 거지도 영어를 하는데, 너 어쩔래?"라며 장난치시던 영어 선생님을 섭섭해 하며, 그래도 4년이나 영어를 배웠는데 웬만큼은 할 거라 생각했지 이 정도로 하나도 안 들릴 줄은 정말 몰랐다.

언어에는 네 가지 영역이 있다. 읽기와 쓰기, 그리고 말하기와 듣기이다. 한국에서 영어를 배울 때는 이 네 가지 영역을 골고루 배우지 못했다. 읽기와 쓰기는 열심히 공부했지만, 말하기와 듣기는 그때만 해도 교육 환경이 지금 같지 않았던 까닭에 제대로 배울 수가 없었다.

확실한 것은 듣기와 말하기는 반복적인 연습과 노력 없이 주입식 교육만으로는 배울 수 없다는 것이다. 미국에 와서 외국어를 배우면서 주당 네 시간의 학습 시간 중 말하기와 듣기에 반 이상의 시간을 할애하고, 듣기(listening)를 학습하는 연습실을 따로 다니며 시험도 따로 치르고서야 그 과목을 이수할 수 있었다.

외국어뿐만 아니라 모국어로 대화하며 사는 것도 마찬가지이다. 듣기를 잘 교육받지 못하고 읽기와 쓰기만을 주입식으로 열심히 교육받은 사람들은 막상 사회에 나오면, 읽기와 쓰기보다는 듣기와 말하기로 풀어 나가야 하는 인간관계 형성에서 많은 어려움을 겪게 된다. 그래서 그런 사람들은 많은 경우 모든 관계를 그저 특별히 듣고 말할 필요 없이 술 마시는 것으로 해결한다고 한다. 우리나라의 1인당 알코올 소비량이 세계 최고라는 사실은 슬프고 안타까운 현실이다.

큰딸 애리는 두 살 반이 될 때까지 말을 하지 않았다. 말은커녕 엄마 아빠도 부르지 않고 아무 소리도 내지 않아서 가족들이 보통 걱정이 아니었다. 태아 교육부터 시작해서 깨어 있는 시간이나 재울 때나 쉬지 않고 음악을 틀어 주며 얘기하며 정성으로 키웠는데 이게 웬일인가 싶어 시간이 지날수록 상심이 되던 어느 날, 바람에 종이가 날아다니는 것을 집 안에서 바라보던 애리가 "엄마, 담요가 날아가네!"라고 문장으로 정확히 말했다. 수년 동안 내가 해 준 모든 얘기를 정확히 기억하는 것 같았다. 노래도 부르고 완전한 문장으로 그렇게 말문을 연 애리는 지금까지 얼마나 정확히 쉴 새 없이 말을 잘하는지 모른다.

그런가 하면 돌아가시는 순간에 복음을 듣고 마지막 숨을 들이쉬며 영접 기도를 드리던 사람이 한 번 더 기회를 달라는 기도에 아멘으로 받으며 다시 회복된 일도 있었다고 한다.

듣는 능력은 말하기 이전에 개발되고, 숨지기 직전까지 남아 있는 능력이라고 한다. 그래서 말할 줄 모르는 아이에게도 태 안에 있을 때부터 얘기를 해 주고, 사랑하는 사람이 숨을 거둘 때는 마지막 순간까지 사랑한다고 끊임없이 말해 주어야 하는 것이다.

hear & listen

영어에는 hear와 listen이 구별된 단어로 있지만 한국말에는 '듣다' 이외에는 없고, 경청(敬聽)도 중국 한자어이다. 그냥 듣는다보다 좀 더 깊이 들어 준다는 의미의 우리말이 있었으면 정말 좋겠다는 생각을 해 본다.

헨리 나우웬은 "듣기는 꼭 개발되어야 하는 예술이다(Listening is an art that must be developed)"라고 말했다. 우리가 개발해야 하는 예술로서의 경청은 그냥 상대방의 말을 방해하지 않고 듣는 수준이 아니라 상대를 깊이 사랑하고 있음을 그 사람이 느낄 수 있도록 그 사람의 말과 소리,

보석을 캐는 리더

몸짓까지 집중해서 들어 주는 것을 의미한다.

그러므로 경청은 상대를 잘 알게 해 준다. 아는 것이 사랑하는 것의 기본 단계이다. 상대를 사랑한다고 하면서 경청하지 않는 것은 그 사람이 어떤 사람인지 알려고 노력하지 않고 그저 내 생각대로 그 사람을 평가하며 사랑한다고 하는 것이다. 그 사람의 깊은 내면을 알고 그 모습 그대로를 용납하며 사랑하기 위해서는 경청해야 한다.

그리고 경청은 상대에게 신뢰를 준다. 다른 사람의 말은 들어 주지 않고 자신의 말만을 늘어놓는 사람을 우리는 신뢰하지 않는다. 또 경청은 상대의 자존감을 세워 주고 그 사람이 얼마나 존중받고 가치 있는 사람인지 알게 해 준다. 하나님의 청지기가 되어 자녀를 양육하고 있는 모든 부모들은 바로 경청을 통해서만 아이들의 자존감을 세워 주는 가장 중요한 책임을 이루어 낼 수 있음을 알아야 한다.

그리고 경청은 안정감과 치유를 준다. 감정적으로 불안할 때 사람은 아무것도 할 수 없다. 공부, 일, 대인 관계, 이 모든 것에서 집중력과 자신감을 잃어버린다. 누군가가 귀 기울여 들어 주는 것은 정서적으로 안정감을 준다고 한다.

세상이 나를 들어 주지 않아도, 들어 주는 사람이 한 사람만 있다면 상처와 고통으로부터 치유를 얻는다. 그리고 자신 안에 있는 아름다움을 발견하며 자신 있게 살아갈 수 있게 된다.

경청자는 함께하는 사람들에게 편안함을 준다. 만날 때마다 밥을 사 주는 사람이라 해도 내 얘기를 들어 주지 않고 늘 자기 얘기만 한다면, 아무리 밥 사 주는 것이 좋아도 만나고 싶지 않다. 반대로 힘들게 살아서 밥은 늘 내가 사야 하지만, 나를 편안하게 해 주고 조용히 내 말과 감정에 귀 기울여 주는 사람은 언제든지 만나고 싶다. 그러니 돈이 없더라도 편안한 사람이 되어야 할 것이다.

성경에서 하나님은 이스라엘을 향해 수없이 말씀하셨다. "너희는 어찌하여 듣지 않느냐"고 말이다. 그리고 사람들도 서로 들어 주지 않음을 인하여 분노하고 싸우고 헤어진다.

수많은 사람이 깨어진 관계 때문에 상처와 고통 속에서 살아가는 오늘날, 사람들을 세우는 일을 하는 리더들이 자신과 이웃을 창조적인 발견자로 세우기 위하여 내면의 소리를 경청하고, 하나님을 경청하고, 또 이웃을 온 맘으로 경청하는 경청자의 삶을 살 수 있기를 소망한다.

사랑의 첫 번째 의무는 듣는 것이다.
- 폴 틸리히

경청에 대해서 새롭게 눈을 뜨게 해 주신 분은 마이크 벤더 폴이라는 목사님이다. 내가 일하고 있는 CRC라는 교단의 간부 수련회에 강사로 오신 그 목사님은 "리더십에서 가장 중요하고 기본적인 기술이 무엇인지 아느냐?"는 질문으로 리더십 훈련을 시작하셨다.

사람들을 돌봐야 하는 필요성이 너무도 절박한 오늘날, 사람들을 돌볼 수 있는 가장 중요하고 기본적인 사역이 듣는 사역이라는 것을 과연 얼마나 많은 리더들이 알고 있을까?

폴 틸리히는 "사랑의 첫 번째 의무는 듣는 것"이라고 했다. 듣는 사역은 너무도 쉽게 느껴질 수 있다. 그래서 어쩌면 간과될 수 있는 영역인지도 모른다.

40여 년을 선교지에서 사역해 온 마이크 목사님을 통해서 한자의 들을 청(聽)자를 새로운 시각으로 이해하는 것을 배웠다. 여기에는 두

가지 해석법이 있다.

- 聽(들을 청) : 다른 사람의 말을 듣는 귀[耳]가 으뜸[王]이며, 들을 때는
  열 개[十]의 눈[目]을 움직여 하나[一]의 마음[心]을 주시하는 것처럼
  들으라.

남편 샘 목사님과 함께 대만에서 많은 세월을 보낸 노르도프 여사 (Dr. Lucy Noordhoff)는 *With Merry Heart* 라는 자신의 책에서 흥미로운 이야기를 소개하고 있다.

그녀가 한 젊은 중국 의사와 나눈 대화였다. 그 의사는 자기가 출석하고 있는 교회의 담임 목사님을 찾아가서 자신의 병원 일과 가족, 사역에 대해서 열심히 얘기했다며 풀 죽은 모습으로 "노르도프 여사, 들을 청(聽)자를 보면 경청에는 세 가지 부분이 있다는 것을 알 수 있죠. 그것은 바로 눈과 귀와 마음입니다. 그런데 그 목사님은 그냥 저를 귀로만 들었지 마음으로 들어 주지 않았습니다"라고 말했다.

노르도프 여사는 그 남자의 말이 무슨 말인지 대강 알았지만 목사님이 그럴 수 있다는 것이 믿어지지 않아서 다시 질문했다고 한다.

"그 목사님께 당신의 가족과 일과 사역에 대해서 다 얘기하고 나자 그 목사님이 아무 질문도 하지 않았나요?"

"아, 물론 질문을 하셨죠. 그런데 그 질문이 뭐였냐면요, 혹시 어젯밤 축구 경기에서 누가 이겼는지 아느냐는 질문이었어요."

마음으로 듣는다는 것은 과연 무슨 뜻일까? 그런 목사님과 같은 사람을 만나면 우리는 감정적으로 어떤 반응을 하게 될까? 그 중국 의사

보석을 캐는 리더

는 과연 어떤 심정이었을까?

우리가 귀로 들을 수 있는 것들은 상대방의 소리, 눈물, 한숨, 침묵, 말투 등이다. 그리고 눈으로 들을 수 있는 것은 상대의 몸짓, 눈빛, 눈물, 표정, 태도, 옷차림 등이다.

그러면 마음으로 들을 수 있는 것은 과연 무엇일까? 아마도 영혼 깊은 곳에 있는 생각, 근심, 염려, 슬픔 같은 것들일 것이다.

옆에 잠잠히 앉아 긍휼히 여기는 마음으로 우는 자와 함께 울고 웃는 자와 함께 웃으며 들어 줄 때, 우리는 마음으로 들을 수 있는 사람이 되지 않을까 생각해 본다.

들을 청(聽)에 관한 두 번째 해석을 보자.

• 聽 (들을 청) : 눈[目]과 귀[耳]와 마음[心]으로 들으면 상대방은 왕[王] 같은 대접을 받는다.

같은 책에서 노르도프 여사는 또 하나의 얘기를 소개한다.

한 여인이 두 명의 수상을 같은 날 각각 만났다고 한다. 그 두 사람이 어떤 분들이었냐고 질문하자, 그 여인은 참 재미있는 대답을 했다고 한다.

"제가 글래드스톤(Mr. Gladstone)을 만났을 때는 이 세상에서 가장 중요한 사람과 함께 있다는 느낌을 받았습니다. 그런데 디즈레일리(Mr. Disraeli)와 함께 있을 때에는 제가 이 세상에서 가장 중요한 사람이라고 느껴졌습니다."

무엇이 이 여인으로 하여금 다른 느낌을 갖게 하였을까? 우리는 언제 누군가로부터 '내가 정말 중요한 사람이구나' 하는 느낌을 받아 보았는가.

60대 주부에게 이 질문을 해보았더니 "연애할 때지요"라고 대답하셨다. 궁금해서 다시 이렇게 여쭤 보았다.

"혹시 그 연애하신 분과 결혼하셨나요?"

"아, 그럼. 그 사람하고 했지. 그런데 결혼하고는 한 번도 그런 느낌을 못 받아 본 것 같아."

쓸쓸한 미소로 돌아서는 그분을 보며 갱단에 가입했다가 감옥에 가게 된 한 소년의 이야기가 생각났다. 가출 청소년을 상담하는 상담자가 그 소년을 찾아가서 물어 보았다고 한다.

"너는 집도 부자이고 부모님도 훌륭한 분들인데, 왜 집을 나와 길거리에서 살면서 갱단에 가입했니?"

그러자 소년은 울먹이며 이렇게 얘기했다고 한다.

"맛있는 음식이 쌓여 있는 따뜻한 우리 집보다 이 길거리에서 저 아이들과 있는 것이 더 좋았어요. 왜냐면 저 아이들은 나를 소중히 여겨 주고 중요한 사람이라고 느끼게 해 주었거든요."

남의 말에 귀를 기울이는 것은 "난 당신을 알고 싶고 이해하고 싶다"고 말하는 것이다. 그것은 상대에게 존경을 표하고 그를 존귀하게 대하는 가장 기본적인 방법이다.

2006년 미주 코스타에서 '경청의 기술'이라는 세미나를 했을 때였다. 강의가 끝나고 많은 학생이 상담을 요청했다. 눈부시게 아름다운 20대 초반의 나이에 그들은 굵은 눈물을 흘리며 아무도 자기를 들어주지 않아 너무도 외롭고 힘들다고 오열했다. 그들의 괴로움에 적절한 답을 줄 수가 없었다. 많은 경우 부모님과 영적 지도자들에게 거절당함과 언어폭력 등으로 가슴에 눈물이 고여 있다 터진 것이기 때문에, 그저 함께 울어 주고 들어 주는 것 외에는 할 수 있는 일이 없었다.

우리 아이들이 적어도 이렇게 울고 살게 하지는 말아야겠다. 공부의 짐도 만만치 않은데 이런 슬픔까지 지고 살면 얼마나 가여운가?

하나님이 우리에게 돌보라고 맡겨 주신 모든 사람을 눈과 귀와 마음으로 들어 주고 소중히 여기며, 적어도 우리와 함께 있을 때만큼은 이 세상에서 가장 귀중한 사람으로 느껴질 수 있도록 해 주자. 함께 있는 그 시간만큼은 나의 전부를 다 준다는 느낌을 갖게 해 주자. 눈으로 관찰할 수 있는 모든 것을 보면서, 귀로 들을 수 있는 모든 것을 들으면서, 내가 이 사람이라면 어떨까 하는 마음으로 집중하고 모든 관심을 쏟으면서 들어 보자. 이렇게 눈과 귀와 마음으로 들어 주면 그들 안에 있는 아름다운 빛을 발견할 수 있을 것이다.

듣는 기술을 훈련하라

고요히 서로를 들어 보자. 잘 듣고 조심스럽게 말하자.
잘 듣고 천천히 반응하자.

고속도로를 달리다가 어떤 동네를 지나갈 때에 시간을 내어 그 동네 안으로 들어가서 즐거운 마음으로 그곳 사람들과 어울리다 보면 예기치 않은 것들을 발견하게 된다.

재미있는 놀이를 하며 온 동네를 뛰어다니는 아이들의 웃음소리를 듣게 되고, 공원 의자에 앉아 다정히 얘기를 나누는 노부부의 정겨운 모습을 넋을 잃고 바라보게 되며, 아이들을 부르는 부모님의 음성도 듣게 된다. 또 부엌에서 남편을 위해 식사를 준비하는 아내들의 모습을, 우리에게 뭔가를 팔려고 하는 분들을, 아이들을 줄 세우려고 애쓰는 선생님을 만날 수 있다. 운동을 하는 사람들의 흥분된 고함 소리도 들린다.

이처럼 우리는 그 동네에 살고 있는 사람들의 삶을 보고, 듣고, 느끼고, 만질 수 있다.

그러나 고속도로에서 그 동네를 보고도 그냥 지나쳐 버린 많은 차 속의 사람들은 그 동네에 대해서 그저 이름만 알 뿐 아무것도 알지 못하고 지나가고 만다.

우리들의 삶도 그런 것 같다. 너무 많은 사람이 서로를 지나쳐서 삶의 고속도로를 질주하고 있다. 힘든 마음에 관심을 표해 주기에는, 영혼의 갈망과 괴로운 마음을 알아봐 주기에는 지나쳐 가는 사람들의 삶의 고속도로가 너무 분주하기만 하다.

바쁘게 달리는 삶의 고속도로에서 내려, 가까이 다가가서 서로의 삶을 관찰해 보면, 몰랐을 때는 무심코 넘겨서 감사하지 못했을 아름다운 것들이 얼마나 많은지 발견할 것이다. 우리가 삶의 바쁜 고속도로에서 빠져나와 조용한 길로 들어가면, 만나고 보고 듣게 되는 세계가 있다.

고요히 서로를 들어 보자. 다른 이들의 행동을 잘 듣고 관찰하자. 그 사람의 상황 속으로 들어가 보자. 잘 듣고 조심스럽게 말하자. 잘 듣고 천천히 반응하자.

◆ 발견의 도구 5
경청의 일곱 가지 기술

이해하며 듣기

초콜릿 포장지가 초콜릿이 아니듯, 겉모습이나 얼떨결에 튀어나오는 말이 곧 그 사람인 것은 아니다. 침묵의 상황, 눈물의 언어 등을 들을 수 있어야 한다.

사람들은 자신을 표현할 때 10%를 말로 하고, 30%를 소리로 하고, 60%를 몸짓으로 한다고 한다. 많은 경우, 우리는 10%밖에 안 되는 말로만 상대를 듣고 판단한다. 너무 화가 나서 한마디 툭 던진 말 때문에 오랜 세월 가꾸어 오던 사랑의 관계를 깨어 버린다든지, 화가 날 때마다 그 말 한마디를 계속 기억하며 오랜 세월 용서하지 못한다든지 하는 것은 너무나 어리석은 일이다.

그 말이 나오기까지의 상태와 분노를 이해하려는 마음을 갖고 그런 시각으로 그 사람의 모습과 상황을 다시 한 번 보고 들어 주면 나머지 90%를 들을 수 있을 것이다.

갓난아이를 기를 때, 엄마는 소리와 몸짓으로만 아이를 들을 수 있다. "우와와" 하고 아이가 괴상한 소리를 내면 엄마는 기저귀를 갈아 줘야 할 때임을 안다. 그리고 또 "와마, 무" 하는 소리를 내면 금세 젖병을 물려 준다. 눈을 비비기 시작하면 바로 안고 재워 준다. 이렇게 되기까지는 긴 시간을 함께하며 관찰하고, 사랑으로 들어 주는 나눔의 수고가 필요하다.

사랑하면 관찰하게 되고, 관찰하면 이해하게 된다. 이해하는 마음 안에는 사랑과 긍휼이 들어가 있다.

따뜻한 눈빛

상대를 향한 적극적이고 의지적인 관심과 사랑은 반짝이는 눈빛을 갖게 한다.

"눈이 밝은 것은 마음을 기쁘게 하고…" (잠 15:30).

좋아하는 물체를 보면 동공이 커진다고 한다. 누군가가 반짝이는 까만 눈동자로 여러분을 바라본다면, 그 사람은 여러분을 사랑하는 사람이다. 서로 이렇게 바라보는 경우를 두고 우리는 눈이 맞았다고 한다.

어렸을 때, 내가 좋아했던 첫사랑 남학생은 눈 안에 온통 까만 눈동자밖에 없어 보일 만큼 눈이 까만 학생이었다. 보나마나 나의 눈도 그 학생을 볼 때 새까맣게 빛나고 있었을 것이다. 좋아할 때 그렇다는 것을 왜 그때는 몰랐을까?

이런 눈빛이 아무에게나 생기는 것이 아니므로 우리는 경청을 하기 전에, 그리고 경청 중에 하나님께 이 사람을 사랑하는 마음을 달라고 기도해야 한다. 마음의 빛이 그를 향하면 눈빛도 변하게 된다.

관심의 초점을 상대에게 맞추고 그 사람의 말과 행동에 집중하며 들어 주자. 가끔 상대방의 얘기를 듣다가 5초나 10초 정도 다른 생각을 하느라 그 자리에 있었지만 완전히 다른 곳에 다녀오는 수가 있다. 수업 시간에도 그럴 수 있다. 문제는 얼마나 자주, 얼마나 오래 갔다가 오는가이다. 본인 생각에는 잠깐인 것 같아도 그 순간에 상대방이 한 말은 전혀 모르게 된다.

한 부부가 대화하고 있는데, 남편이 내일 은행에 가서 돈을 좀 찾아오라는 부탁을 하는 그 짧은 10초 동안 부인은 내일 입을 옷을 생각하느라 그 자리에 없었다. 다음날 저녁에 남편이 돈을 가져오라고 하자 부인은 "난데없이 무슨 소리야! 언제 그랬는데!"라며 따지고, 남편은 틀림없이 말했다며 맞서다가 싸움이 일어났다.

나도 가끔 딸과 얘기를 하다가 딴생각을 해서 잠시 어딘가로 갔다가 온다. 유심히 관찰하면 이런 때는 눈에 초점이 없어진다. 그럴 때 큰딸은 바로 반응한다.

"Mommy! Where are you?(엄마! 어디 가 있는 거야?)"

가끔 내 세미나에 오는 분들 중에도 잠깐씩 다른 곳에 다녀오시는 분들이 있다. 관심을 집중하는 것도 의지적인 선택이다. 그리고 연습이 필요하다. 습관적으로 그렇다면 학생의 경우 성적이

보석을 캐는 리더

형편없을 것이고, 사회생활을 하고 있다면 관계의 어려움이 많이 생길 수 있다. 이는 하나님께 이 연약함을 내어 놓고 기도하며 회복해야 하는 중요한 문제이다.

누군가가 반짝이는 따뜻한 눈빛으로 나를 바라봐 주고 나의 모든 말과 소리와 몸짓을 들어 준다면 얼마나 행복하겠는가?

반영적 경청

반영적 경청(reflective listening)이란 상대방의 말에 반응할 때, 상대방이 한 말을 그대로 반복해 주는 방법이다. "사랑해요"-"나도 사랑해요", "보고 싶어요"-"나도 보고 싶어요" 같은 식이다.

멀리 간 남편에게 "그리워요"라고 말했는데, "그래, 알았다"며 전화를 끊으면 어떤 기분일까? '꼭 말을 해야 아나?'라고 생각해서 그럴 수 있는데, 상대방은 고백을 하지 않았는가? 이런 사람은 무뚝뚝한 사람이 아니라 무식한 사람이다.

미국에 온 지 얼마 안 되었을 때였다. 방학이 끝나고 선생님이 몇몇 아이들에게 방학을 어떻게 보냈느냐고 물었다. 아직 영어를 잘 구사하지 못할 때라 선생님과 눈을 맞추지 않으려고 애썼는데, 선생님이 나를 지적했다. 더듬더듬 진땀을 흘리며 방학 동안 있었던 일을 얘기했다. 그러자 그 선생님이 내가 한 말을 그대로 반복하여 말씀하시며 마지막에 "정말 재미있었겠구나"만 덧붙이셨다.

그 순간 기죽어 있던 나의 자아가 머리를 들었다 '우와! 내 영어도 상당히 괜찮은가 봐. 선생님이 다 알아들으시고 같은 단어들을 쓰시네.' 순진한 나는 선생님이 나를 격려하시려고, 나를 경청하고 계심을 보여 주시려고 하신 일인 것까지 눈치 채지 못하고 얼마나 기뻤는지 모른다.

동일한 인물에게 말할 때마다 계속 반영적 경청을 할 필요는 없지만, 가장 필요한 때를 알아서 이렇게 경청하면 상대방의 마음이 얼마나 따뜻해지는지 모른다.

주제 바꾸지 않고 듣기

젊은 엄마들이 모였다. 한 엄마가 전날 저녁 9개월 된 아기가 걷기 시작한 것을 자랑하고 싶어서 말을 꺼낸다.

"어제 우리 아이가 걸음마를…."

그러자 한 엄마가 "아이고, 우리 아이는 8개월에 걸었지 뭐야. 9개월 될 때는 뛰더라고. 그러다가 뭐든지 빨리 하더니 지금은 글까지 읽으려고 해"라며 자기 아이 얘기를 꺼낸다. 또 다른 엄마도 바로 이렇게 대꾸한다.

"우리 아이는 기다가 바로 뛰더라고…."

처음 말을 시작한 엄마의 얼굴이 잠깐 사이에 어두워졌다는 것을 눈치 채기에는 모두가 자기 아이들 얘기에 너무 정신이 없었다.

보석을 캐는 리더

첫 번째 엄마의 주제는 그 엄마의 아이였다. 그 아이가 걸음마를 시작한 것이다. 주제를 바꾸지 않고 들어 주기 위해서는 그 아이에 대해서 얘기하며 반응해 주고 함께 기뻐해 주어야 한다. 그런데 다른 엄마들은 주제를 '걸음마'로 이해하고 주제를 순식간에 바꾸면서 각자 자기 아이들의 걸음마 얘기를 하기 시작한 것이다.

이런 경우 상대방은 드러내 놓고 화는 못 내도 감정적으로 서서히 멀어지기 시작한다. 그리고 어느 순간 쌓였던 것을 터뜨리게 되고, 관계에 금이 가기 시작하는 것이다.

주제 파악을 잘 해야 하는 것은 비단 자신을 잘 알라는 뜻만은 아니다. 상대방이 말하고자 하는 것이 무엇인지 정확히 파악하고, 반응하고 질문하며 들어야 한다.

침묵하며 듣기

우리는 모든 침묵의 순간은 내가 채워야 한다고 생각하며 상대방이 잠깐 침묵하고 숨을 돌리는 순간이 오면 바로 기회를 놓칠세라 자신의 얘기를 시작하는 경우가 많다. 그러나 침묵하며 생각하는 그 순간도 우리가 들어 주어야 할 시간이다.

빨리 대답하지 않으면 혼나는 우리나라 문화는 사람들로 하여금 생각하기 전에 급히 말하는 습관을 들여 놓았다. 아이들에게도 뭔가를 질문하고 대답이 늦어지면 "하나, 둘, 셋" 하고 세기 시작하며 빨리 대답할 것을 요구한다.

잠잠히 들어 주고, 침묵도 들어 주고, 힘들어 감정을 추스르는 시간에도 그 마음을 들어 주는 경청자가 되어야겠다.

공감 능력 발휘하기

경청을 위해서는 공감 능력이 필요하다. 영어로는 'empathy(공감)'라고 한다. 'sympathy(동정)'는 상대방의 슬픔을 바라보며 '참 안됐다'고 느끼는 것이다. 'empathy'는 상대방의 입장이 되어 상대방의 눈으로 함께 그 상황을 보는 것이다.

켄 가이어가 쓴 《영혼의 창》이라는 책은 어떻게 같은 사물과 상황을 하나님의 시각으로 볼 수 있는지를 수채화같이 아름답게 설명해 주고 있다.

영혼의 창을 통해 바라보는 세상과 사람들은 우리에게 새로운 발견을 선사한다. 또한 "그러셨군요, 그렇지요, 얼마나 힘드셨을까?" 등의 반응은 듣는 사람을 단순히 수동적인 존재가 아니라 대화를 주도하는 자리에 서게 한다.

능란한 아나운서나 토크쇼 진행자들을 보면 이렇게 공감하고 있음을 보여 주는 반응으로 처음부터 끝까지 쇼를 이끌어 가는 것을 볼 수 있다. 즉 말하는 사람의 말을 좌우하는 것은 경청자의 태도인 것이다.

특별히 자신의 연약함을 나누는 사람에게 "저도 그래요. 무슨 말인지 잘 알아요. 저도 그럴 때 있어요"라고 반응해 가며 경청하면 힘들고 지친 어깨에 힘과 위로를 더해 주게 된다.

자신의 얘기에 맞장구를 쳐 주고, 고개를 끄덕여 주면 더 많은 얘기를 하고 싶어진다. 경청자의 반응은 말하는 자에게 나눔의 저수지를 열게 하고, 풍성한 대화를 가능하게 한다.

우리는 이런 경청에 관한 지침들을 들으면 이걸 꼭 알려 주고 싶은 사람들을 떠올린다. 그러나 경청하지 않을 때 우리의 모습을 보면 다른 사람보다도 바로 나에게 이런 지침이 필요함을 알 수 있다.

상대의 입장에서 보기

상대를 이해하려면 under-stand 해야 한다(그 사람의 입장에 서 보아야 한다). 상대의 아름다움을 발견하기 위해서는 나의 관점과 생각을 내려놓고 유심히 관찰하며 경청해야 한다.

수가 성 여인을 만나는 예수님을 보자. 예수님은 온 천하를 다 가진 분이시고, 그 여인이 그 시간 예수님에게 줄 수 있는 유일한 것은 물이었다. 예수님은 그 여인에게 "물을 좀 달라"고 하신다. "나는 천하를 다 가졌으니 내 말을 들으라"고 아니하시고, 그 여인보다 더 낮은 자리로 내려가서서 부탁하신다.

모든 사람의 손가락질을 받고 사는 그 여인의 심정을 헤아리시고 자신이 가진 것을 보게 해 주시고, 다른 이를 섬길 수 있는 도구가 스스로에게 있음을 발견하게 해 주셨다. 결국 그 여인은 메시아를 발견하고, 사람들과 하나님과 스스로에 대해 허물어졌던 관계성을 회복하고 많은 동네 사람들을 예수님께 인도하는 신약에 등장하는 첫 전도자가 되었다. 그 동네에서 그 여인은 사고뭉치였지만, 예수님의 눈으로 발견된 그 여인은 진흙 속의 보석이었다.

너무 빠르게 달려서 발견하지 못하고 놓쳐 버린 아름다운 사람들이 주위에 얼마나 많이 있을까?

지금이라도 우리 삶의 속도에 서서히 브레이크를 걸어 보자.

대접하는 사람의 마음을 가져라

03

경청은 최상의 대접이다.

- 헨리 나우웬

"그들이 길 갈 때에 예수께서 한 마을에 들어가시매 마르다라 이름하는 한 여자가 자기 집으로 영접하더라 그에게 마리아라 하는 동생이 있어 주의 발치에 앉아 그의 말씀을 듣더니 마르다는 준비하는 일이 많아 마음이 분주한지라 예수께 나아가 이르되 주여 내 동생이 나 혼자 일하게 두는 것을 생각하지 아니하시나이까 그를 명하사 나를 도와주라 하소서 주께서 대답하여 이르시되 마르다야 마르다야 네가 많은 일로 염려하고 근심하나 몇 가지만 하든지 혹은 한 가지만이라도 족하니라 마리아는 이 좋은 편을 택하였으니 빼앗기지 아니하리라 하시니라"(눅 10:38-42).

오늘날 수많은 마르다가 마리아 편을 든 예수님을 이해할 수 없다고 불평한다.

"왜 예수님이 마리아의 편을 들어 주었을까?"라고 질문했더니 코스타에 온 한 청년이 이렇게 대답했다.

"예수님이 배가 안 고프셨어요. 전 배고플 때 밥 안 주고 말 시키는 사람이 제일 싫거든요."

정말 예수님이 배가 고프지 않아서 마리아의 편을 드셨을까? 누군가를 이해하기 위해서는 그 사람의 상황에 우리를 가져다 놓는 것보다 지혜로운 방법은 없다. 예수님을 이해하기 위해서 예수님의 입장이 되어 보자.

누군가의 집에 초대되어 갔다. 몇 가지 상황을 경험할 수 있다. 어떤 주인은 반갑게 맞이하더니 거실로 안내한다. 그러고는 식사를 준비하고 있으니 잠시만 기다려 달라고 한다.

먼저 그 집을 위해서 기도하고 거실을 둘러본다. 화장실이 가고 싶은데 부엌까지 가서 물어 보기도 쑥스럽다. 시간이 지날수록 어찌해야 할지 모르겠고 서먹하기만 하다. 식사가 시작되었는데도 주인은 분주하기만 하다. 여러 가지 말을 하면서 동시에 많은 일들도 함께 하고 있어서 도무지 마음 편히 밥을 먹을 수가 없다.

다른 집이다. 그 집 주인은 어느 정도 식사를 준비해 놓고 기다리다가 들어가니 반갑게 맞이해서 함께 거실로 간다. 조용히 기도할 때도 옆에서 기다려 준다. 차를 갖다 주며 뭐 필요한 것이 없는지 물어 본다. 요즘 어떻게 지내시냐며 안부를 물어 준다. 준비해 둔 식사를 함께 하자고 식당으로 안내하며, 식사 중에도 집중하며 들어 준다.

어떤 주인에게 더 잘 대접받은 느낌이 드는가?

다른 이를 대접할 수 있는 사람은 이기적인 사람이 아니다. 우리는

보석을 캐는 리더

다른 이가 나를 경청해 줄 때 행복감을 느낀다. 경청자들은 바로 그런 대접을 받고자 하는 우리를 그대로 대접해 주는 사람들이다. 경청자들은 다른 이들을 대접함으로써 다른 이들이 행복한 자아를 발견하도록 해 주는 귀한 사람들이다.

경청은 조심스럽게 상대방에게 집중하는 것이다. 상대방에게 온전히 자신을 내어 주는 것이다. 말하는 자에게 온전히 지배당하기를 원하며, 들어 주기를 바라지 않고 오직 듣기만을 바라며, 상대를 주인으로 섬기기를 원하는 마음을 가져야 한다.

진지한 경청은 상대방이 하는 말 외에 다른 것들은 덜 중요하게 여기는 것이다. 말하는 자가 관심의 초점이 되게 하여야 한다. 말하는 자가 하는 말 외에 다른 것들은 관심의 대상이 되지 말아야 한다.

경청은 상대를 바라보고 그 사람의 말과 행동에 최대한으로 집중하며 듣는 것이다. 눈과 귀와 마음을 상대방을 향해 보고, 듣고, 느끼는 것이다.

경청을 위한 가장 중요한 품성은 인내이다. 인내는 의지적인 선택이다. 이 사람을 들어 주겠다는 선택을 해야만 하기 때문이다. 이 사람을 들어 주기 위하여, 이 사람이 하고 싶은 말을 다 할 때까지 나의 시간을 주기로 결정하는 것이다.

이 사람을 듣기 위해서 나의 방법을 강요하지 않고 그에게 가장 좋은 방법이 어떤 것일까를 함께 기도하며 발견해 주기로 선택해야 가능한 것이 경청이다. 이 사람을 듣기 위해서 내 생각을 주입하지 않기로 결정하고, 말하는 사람의 생각이 어떠한지를 그 사람의 입장이 되어 생각하는 것이 경청이다.

다른 사람에게 인내하지 못하는 사람은 스스로에게도, 또 하나님에게도 인내하지 못한다. 하나님에게 인내하지 못하는 사람들은 하나님 앞에서도 나의 시간과 생각과 방법들을 주장한다. "지금 주시옵소서", "이 방법으로 꼭 이루시옵소서"라고 한다. 그리고 하나님이 말씀하실 때도 막 자르고 내 말만 부르짖는다.

이런 우리를 향하여서 하나님은 끊임없이 인내하며 들어 주고 계신다. 하나님이 인내하기로 선택하지 않으셨다면 우리는 어떻게 되었을까? 하나님이 나를 향해 인내하지 않으셨다면 나는 절대 이 자리에 없을 것이다.

우리를 향하여 긴 세월 인내하시는 하나님을 기억하며 우리도 다른 이들에게 인내할 것을 선택해야겠다. 인내하며 경청함으로써, 그들을 향하여 인내하는 하나님을 발견하게 해 주는 도구가 되어야 한다. 그러나 이것을 위해 노력해 본 사람은 이 일이 얼마나 힘든 일인지 알 것이다.

우리의 연약함을 들고 하나님께 나아가 우리가 얼마나 인내할 수 없고 강퍅한 사람인지를 고백해야 한다. 그리고 들어 주지 않아 우리에게 상처를 준 사람들을 생각하고 그 사람들을 온전히 용서하는 단계를 꼭 거쳐야 한다. 많은 경우, 우리는 본 대로 행하기 때문에 우리 안에 있는 상처를 그대로 다른 사람에게 전달할 수 있다.

경청을 위한 기도가 날마다 필요하다. 경청을 위해 내가 버려야 할 습관과 태도들을 없애 주시기를 지속적으로 기도해야 한다. 나를 들어 주지 않아 상처를 주는 사람들을 그때그때 용서하는 기도를 드려야 한다. 그 사람들에게 받은 상처가 남아 있지 않도록 풀며 기도해야 한

보석을 캐는 리더

다. 그리고 내가 그동안 들어 주지 않아 상처를 준 사람들에게 진심으로 용서를 구하고 함께 기도해야 한다. 우리의 죄악이 하나님의 얼굴을 가리게 해서는 안 된다. 더 성숙한 경청자로 하루를 보내기를 기도해야 한다. 그리고 무엇보다도 하나님을 잘 경청하기를 위해 기도해야 한다. 하나님의 마음에 기쁨을 드리고 그분을 왕으로 대접해야 한다.

진정한 경청자는 자신의 경청할 수 없는 품성을 들고 날마다 하나님 앞에 나아가 그분의 능력을 부여받는 사람이다.

경청 사역은 하나님의 긍휼하심과 기다리심과 사랑을 증거할 수 있는 가장 강력한 사역이라고 생각한다. 경청 사역이야말로 하나님의 성품을 구현하는 사역이기 때문이다.

●● 성급하게 상대의 뜻을 판단하고 상대가 말을 끝내기 전에 나의 말을 시작하고 있다.

아니다 ☐☐☐ 그렇다

많은 경우, 성격이 급한 사람이 말이 좀 어눌한 사람을 들어 줘야 할 때 나타나는 모습이다. 천천히 하는 말을 끝까지 다 들어 봐야 무슨 말인지 알 수 있는 사람을 듣고 있다는 것이 시간 낭비처럼 느껴진다. 그래서 대강 무슨 말인지 짐작이 되면 나름대로 판단하고, 바로 말을 자르고 끼어들어 자신의 생각을 말하기 시작한다. 이렇게 항상 말을 잘리는 사람은 늘 같은 상처로 인해 점점 더 자존감을 상실하게 된다.

●● 상대를 위해 대신 생각해 주고, 해결책까지 주려고 한다.

아니다 ☐☐☐ 그렇다

상대가 말을 시작한 지 얼마 되지도 않아서 점쟁이처럼 나선다. "아, 거기까지. 내 생각엔 이런 뜻인 것 같은데…. 제가 다 압니다" 하면서 상대의 뜻을 확실히 아는 것처럼 반응한다. 그리고 피상적인 충고가 마구 나가기 시작한다. 다 아는 원칙들을 내세워 가며 간접적으로 정죄하고 지적하며 해결책을 준다. 그 말이 맞든 틀리든 상대방은 더 이상 얘기하고 싶어 하지 않는다.

●● 자신의 뜻과 생각을 강요하며 자기 생각이 가장 지혜롭다는 것을 주입하고 있다.

아니다 □□□ 그렇다

"나도 예전에 믿음이 없었지만…", "나도 어렸을 때는 그랬는데…" 등의 말로 시작하며 기선을 제압한다. 이러한 말은 자신은 이제 성숙하고 지혜로운 사람이 되었다는 가정 아래, 자기가 알려 주는 방법을 따르라고 주입하는 태도이다. 그러지 않으면 더 힘들 거라고 협박까지 한다. 많은 경우 우리가 경청해야 하는 상대는 해결책을 구하러 오는 것이 아니라 그냥 들어 달라고 오는 것이다.

●● 내 관점에서 무심한 질문들을 툭툭 던지고 있다.

아니다 □□□ 그렇다

아이들이 무심코 던지는 돌멩이에 개구리가 죽어 가듯이 상대방의 입장을 생각하지 않고 자기 주장대로 던지는 질문은 얘기하는 사람들에게 상처를 주고 말문을 막게 한다. 생각 없이 반응하며 난처한 질문을 서슴없이 하는 것은 살인에 가까운 죄악이다. 말은 사람을 죽일 수도, 살릴 수도 있기 때문이다.

●● 내 뜻과 맞지 않을 때 싫은 표정을 그대로 드러내고 있다.

아니다 □□□ 그렇다

듣고 있는 말이 자신을 화나게 하거나 마음에 안 들 경우, 금방 얼굴에 나타나는 사람이 있다. 얼굴이 벌개지기도 하고 시선을 굴리기도 하며 말은 안 하지만 표정으로 상대방의 말문을 막아 버리는 경우가 있다. 거룩한 목적을 위해서는 표정 관리도 필요하다.

보석을 캐는 리더

Leader

PART 3 /

일대일의 관계로 보석을 캐라

사람마다 사랑을 표현하는 언어가 다르다.
나와 관계하는 사람들의 사랑의 언어를 발견하고
이를 잘 이해함으로써
그들의 감정의 저수지를 가득 채워 주어야 한다.
그때 그들 안에 있는 놀랍도록 아름다운 사랑의 비밀이
세상을 풍성하게 할 수 있다.

사랑으로 관계를 이어 가라

01

나의 언어가 아닌 상대의 언어로 사랑을 표현해야
상대의 사랑의 저수지가 채워진다.

다름

큰아이 애리는 어릴 적부터 사람들 앞에서 공연하는 것을 좋아했다. 성경을 암송하고, 노래를 부르고, 춤을 추었다. 주위 엄마들이 재주 많고 착한 딸을 두었다고 부러워했다.

둘째 아이는 관중 공포증(fear of audience) 같은 것이 있어서, 내 앞에서는 못하는 것이 없는데 사람들 앞에만 세워 놓으면 안 하고 그냥 들어와 버렸다. 그럴 때마다 사람들은 나를 위로했고 나는 위로하는 것이 더 기분 나빠서 아이에게보다 사람들에게 더 화가 났다.

같은 부모 밑에서도 너무나 다른 아이들이 태어난다. 일란성 쌍둥이를 키우는 엄마에게서 그 두 아이가 얼마나 딴판인지를 들은 적이 있다. 똑같이 생긴 아이들이 그렇다니 정말 흥미로웠다.

이렇게 모두가 독특하고 특별하게 창조되었다는 놀라운 사실 앞에 나는 사람들의 다름을 이해하고 싶어서 오랜 세월 이 방면의 책들을 읽고 학습하며 도구들을 배우고자 노력했다. 또 세미나에도 참석하며 사람들에 대해서 놀라운 사실을 발견하게 되었고, 관계 형성이 너무나 중요한 소그룹 사역을 하면서 그런 노력들은 보석과도 같은 도구들이 되었다.

사랑의 언어

그 중에서 내게 가장 큰 감동과 깨달음과 도움을 준 학습이 있었는데 그것은 '사랑의 언어의 이해'였다.

게리 채프먼(Gary Chapman) 박사가 쓴 《다섯 가지 사랑의 언어》라는 책에서 사람마다 각각 다른 사랑의 언어가 있음을 배웠다.

자기가 아는 언어가 아닌 모르는 외국어로 누군가가 말을 하면 전혀 알아들을 수 없는 것과 같이 자신의 사랑의 언어가 아닌 다른 언어로 누군가가 사랑을 전하려고 하면 전혀 사랑으로 받아들일 수 없다는 것이다.

채프먼 박사는 다섯 가지 사랑의 언어를 '인정하는 말', '함께하는 시간', '봉사', '선물', '육체적인 접촉'으로 나눴다. 이 언어들을 잘 이해하고 내가 관계하고 있는 사람들의 사랑의 언어를 발견하는 것은, 그 사람들의 감정의 저수지를 채워서 그 안에 있는 놀랍도록 아름다운 비밀들로 세상을 풍성하게 하도록 안내하는 발견의 도구가 된다.

다섯 가지 사랑의 언어

인정하는 말이 사랑의 언어인 사람

내 주위에는 인정하는 말이 사랑의 언어인 사람들이 많이 있다. 이 사람들은 사랑을 말과 글로 표현했을 때 사랑으로 느끼는 사람들이다. 큰딸 애리는 자주 비행기를 타는 엄마가 무료한 비행기 안에서 읽을 수 있도록 긴 편지를 써서 주머니에 넣어 둔다. 이 아이를 행복하게 하는 것은 그리 힘들지 않다. "너 요즘 살 빠졌다! 예뻐졌는데!"라고 하면 우울하다가도 금방 얼굴이 활짝 펴진다.

이런 사람들은 자신의 자존감을 낮추는 말에 가장 상처를 받는다. "저것은 볼 때마다 키가 크네." 이웃집 할머니의 지나가는 말에 어린 남동생이 화를 냈다. "할머니는 왜 나를 물건 취급하시고 이것 저것 하세요?" 다른 사람에게는 무심코 지나갈 수 있는 말이 이 사람들에게는 예민하게 포착되어 상처가 되는 것이다.

그 동생이 자라면서 많은 책을 읽어 어릴 적부터 해박한 지식으로 식구들에게 많은 얘기를 해 주었다. 내 친구들은 동생을 위인이라고 부르며 우리 집에 놀러 오기 전에 위인이 집에 있는지 늘 확인하곤 했다. 동생의 유식함 앞에 자신들의 무식함이 드러나서 늘 부담스러웠던 것이다.

그런데 아버지는 동생이 무슨 말을 하든지 박수를 치시며 들어 주셨다. 다 아는 얘기였을 텐데도 처음 듣는 얘기처럼 말이다. 변호사가 될 줄 알았더니 하나님의 은혜로 목사가 되었다.

몇 년 전 동생 집을 방문했을 때 이 인정하는 말이 사랑의 언어인 사람을 위해 하나님이 얼마나 귀한 배필을 허락하셨는지 알게 되었다. "오늘 설교 좋더라." 나는 주일 설교를 끝내고 집에 들어온 동생에게 간단히 말했다. 그런데 우리 올케의 칭찬이 어찌나 구체적이고 자상한지 말을 아낀 내가 얼마나 머쓱해졌는지 모른다. "여보, 오늘 당신의 설교는 마치 한 권의 책을 읽은 것과 같이 깊은 감동과 심오한 진리가 담겨 있었어요. 너무 좋았어요."

하나님의 은혜로 너무나 귀하게 쓰임받고 있는 동생을 지켜보면서, 자신의 사랑의 언어로 사랑을 표현해 주는 가족들의 사랑이 한 사람을 보석처럼 빛나게 하는 데 얼마나 중요하고 큰 축복의 통로가 되는지를 새삼 깨닫게 된다.

시간을 함께하는 것이 사랑의 언어인 사람

인정하는 말이 사랑의 언어인 사람들에게는 말이 중요하고, 함께하는 시간이 사랑의 언어인 사람들에게는 경청이 중요하다. 그들은 눈을 맞추고 의미 있는 시간을 보낼 때 가장 사랑을 느긴다. 반면에 이 사람들이 가장 상처받는 때는 격리시킬 때라고 한다.

존 웨슬리를 비롯하여 많은 자녀들을 한결같이 훌륭하게 키워 낸 수잔 웨슬리는 아이들 각각에게 일일이 일주일에 적어도 두 시간씩은 집중하고 그 아이와만 함께하는 시간을 보냈다고 한다. 함께 기도하고 대화하며 사랑을 전했다고 한다.

여성에게 많은 이 사랑의 언어는 소그룹에서도 너무나 아름다운 기능으로 쓰인다. 함께한다는 것은 죽음 가운데서 소망을 얻게 해 주는 힘이 될 수 있다.

김혜자 씨가 쓴 《꽃으로도 때리지 말라》에서 본 소말리아 두 소년의 이야기를 잊을 수가 없다. 굶어서 다 죽어 가는 두 소년을 병원으로 옮겼는데 거의 움직이지 못하고 누워 있던 동생은 살아나고, 늘 동생에게 먹을 것을 가져다가 씹어서 입에 넣어 주던 형은 죽었다는 것이다. 죽을 만큼 힘들어도 형이 나와 함께 있다고 믿으며 지내 온 동생은 살아날 힘이 있었고, 자기가 아니면 동생이 죽을 것을 알고 버텨 온 형은 동생과 함께할 사람들이 나타나자 숨을 거둔 것이 아닐까?

사람은 누구나 나름의 어려움을 안고 살아간다. 그래서 누군가가 함께 있다는 것은 그 어려움을 안을 수 있는 힘과 의미를 부여해 준다. 그렇지만 특별히 사랑의 언어가 함께하는 시간인 사람들은 이것이 채워지지 못할 때 불행해지고 삶의 의욕을 잃고

보석을 캐는 리더

여러 가지 질병에 걸리게 된다.

내가 아는 E라는 자매는 걸어 다니는 종합병원이었다. 몸 이곳저곳에 늘 수술을 받아야 했고, 심장도 약하고 위험할 정도로 저혈압이었다. 1년에 병원에 가는 날이 가지 않는 날보다 많은 이 자매에게 어느 날 놀라운 일이 생겼다. 얼굴에 생기가 돌고, 마른 몸에 살이 오르고, 혈압이 정상이 되더니 건강을 되찾기 시작한 것이다. 그 비결은 애인이었다. 하루에도 몇 번씩 전화하고 만나며 하루 종일 그와 함께 있으면 이 자매는 우주에서 자기가 가장 행복한 사람이라고 느껴진단다. 그 사랑이 약하던 심장을 튼튼하게 하고, 혈압을 조절해 건강한 사람이 되게 했다.

많은 시간을 함께하는 것보다 집중해서 모든 관심을 쏟고 함께 하는 시간을 사랑이라고 여기는 사람들은, 그저 함께 있어줌을 통해 그들의 사랑의 저수지가 차고 넘쳐 다른 사람들까지 채울 수 있는 사람이 된다.

봉사와 섬김이 사랑의 언어인 사람

평생을 말없이 가족을 위해 열심히 일만 해 오신 어머니나 아버지에게 "언제 우리를 사랑한 적이 있냐"고 대드는 자녀들이 있다면 그들은 봉사가 또 하나의 사랑의 언어인 것을 모르는 사람들일 것이다.

이 사람들에게는 말보다 행위가 웅변적이다. 이 사람들은 일은 안하고 말만 하는 사람들을 싫어한다. 이들은 "말과 혀로만 사랑하지 말고 행함과 진실함으로 하자"(요일 3:18)라는 말씀을 좋아할 것이다.

봉사가 사랑의 언어인 사람에게 함께 있자고 조르면 그 시간에 밀린 일이나 각자 하자고 할 것이다. 이 사람들에게는 밥 먹는 것보다 일이 더 중요하다. 그래서 함께 있으면 늘 배가 고프다. 일이 끝나기 전에는 배도 안 고픈 사람들이기 때문이다.

남편이 그런 사람이다. 일터인 연구소에서도, 교회에서도 묵묵히 열심히 일하는 사람이다. 이런 사람 옆에 있는 사람들은 늘 외롭다. 왜냐면 늘 많은 일 속에서 살아가기 때문이다. 개척 교회를 할 때는 새벽에 교회로 가서 교회에서 바로 출근하고 퇴근길에 다시 교회에 들르는 장로님이고, 집에 오면 함께 앉아 놀기보다는 무슨 일이든지 일을 했기 때문에 가족들은 늘 불만이었다. 아이들은 아빠에게 편지도 쓰고 선물도 준비하고 했지만, 아빠는 그런 일들보다는 아이들이 세차를 하거나 강아지 목욕을 시킬 때 더 많이 칭찬해 주었다.

또 어떤 일이든지 할 수 있다고 생각하기 때문에, 자신이 할 수 없는 일인데도 늘 시도하려고 했다. 한번은 비싼 돈 주고 미용실에 가서 강아지를 미용시키느니 자기가 하겠다고 했다. 간단한 도구를 사 오더니 긴 시간 공을 들였다. 그날 우리 강아지는 온몸에 생채기가 나고, 예쁘던 털은 쥐가 뜯어먹은 듯 누더기가 되었다. 이곳저곳에서 조금씩 피도 흘렀다. 졸지에 거리에서 사는 집 없는 강아지보다도 못한 꼴이 되어 버렸다.

사랑의 언어를 배운 후 딸들과 나는 아빠의 사랑의 언어가 봉사임을 깨닫고 선물이나 로맨틱한 함께 있음을 기대하지 않기로 했다. 대신 아빠의 사랑의 저수지를 채워 주기 위하여 아빠를 위해 무슨 일을 해 줄 수 있을까를 고민하기 시작했다. 그리고 가족과 교회를 사랑하기에 늘 열심히 일하는 아빠의 사랑을 감사하기로 했다. 가족의 도움과 함께 아빠는 밖에서 더 영향력 있는 사람으로 활기차게 살아가고 있다.

선물이 사랑의 언어인 사람

선물(gift)은 헬라어로 '카리스'라는 뜻으로 조건 없이 받는 은혜를 뜻한다. 눈으로 보이는 뭔가를 받아야 사랑을 느끼는 사람들은 자신의 사랑도 선물을 사 주는 것으로 표현한다. 이 사람들은 남들 다 주고 자기만 안 줄 때 가장 큰 상처를 받는다. 그리고 이 사람들은 자기가 받는 것이 상급인지 뇌물인지 선물인지를 예민하게 느끼는 사람들이다.

작은딸 유리의 사랑의 언어가 선물이다. 유리의 큰 서랍장 안에는 그동안 받은 선물들이 잘 보관되어 있고, 언제 누가 주었는지도 기억하고 있다. 네 살 때는 공항에서 집시같이 긴 머리를 늘어뜨리고 턱수염도 기른 한 남자를 향해 정신없이 뛰어가더니 얼굴에 놀라움과 경이로움을 가득 담고 외쳤다.

"Jesus!(예수님)!"

미처 잡을 겨를도 없이 뛰어간 아이를 쫓아갔다가 너무 예상치 못했던 상황에 어쩔 줄 모르던 나보다 그 남자가 더 놀라는 것 같았다. 유리가 자기 가방에서 자기가 가장 좋아하는 인형을 꺼내어 그 Jesus에게 주는 것이 아닌가? 지금도 그 얘기를 하면서 온 가족이 웃곤 하지만, 유리의 사랑의 언어가 선물임을 너무나 확실히 알게 해 준 상황이었다.

유리는 작고 비싸지 않은 선물에도 늘 감동했다. 그리고 마음이 열리면 자기가 좋아하는 물건들을 아낌없이 사람들에게 주었다. 늘 선물 가게 가기를 좋아하고 선물 가게 아줌마는 유리를 너무 예뻐했다. 성격이 지나치게 차분하고 새침한 것 같아 염려도 했었는데, 온 식구들이 어디 갈 때마다 유리 선물은 절대 빼놓지 않고 사 오고, 또 유리가 주는 선물은 너무 귀하게 받으며 사랑하며 키웠다.

유리는 기도할 때마다 노숙자들을 위해 늘 기도하며 그들에게 집과 음식을 달라고 했다. 미국에는 차가 멈추는 곳에서 그런 사람들이 종종 구걸한다. 솔직히 유리가 안 타고 있을 때는 돈을 꼭 주어야겠다는 생각을 안 하는데, 유리가 타고 있는데 그런 사람들을 외면하고 간 날은 하루 종일 조용한 환난을 기대해야 한다. 한번은 20달러짜리만 있고 1달러짜리가 없었다. 그래서 어쩔까 고민하다가 그냥 20달러를 그 구걸하는 사람에게 주었다. 유리는 하루 종일 내가 얼마나 좋은 일을 했는지, 그 사람들이 얼마나 기뻐했을지 새가 노래하듯 말하고 다녔다.

선물이 사랑의 언어인 사람들의 사랑의 저수지를 채워 주면 이 사람들은 세상을 따뜻하게 만드는 사람들이 될 수 있다.

육체적인 접촉이 사랑의 언어인 사람

만지고 안아 주는 것으로 사랑을 표현하고 또 받기를 원하는 사람들이 있다.

예전에 내 친구 하나는 웃을 때도 그냥 웃지 않고 나를 막 때리면서 웃고, 말할 때도 계속 여기저기를 건드리면서 얘기했다. 이 친구는 선생님한테 단체로 매를 맞는 날이면 제일 큰소리로 울었다. 이런 사랑의 언어의 반대는 육체적인 체벌이기 때문이다.

이런 사람들은 누군가를 만지고 안아 줄 때, 또 만짐을 받을 때 사랑의 저수지가 채워지는 사람들이다.

> "사람들이 예수께서 만져 주심을 바라고 어린 아이들을 데리고
> 오매 제자들이 꾸짖거늘"(막 10:13).

제자들은 꾸짖었지만 예수님은 그 아이들을 안아 주셨다. 문

둥병자도, 장님도 먼저 만져 주셨다. 아무에게도 만짐을 받지 못한 이들을 만져 주셨다.

내가 사랑하는 미국인 친구에게 집을 나간 딸이 있었다. 너무 완벽한 부모와 행복한 환경을 버리고 길거리 친구들과 어울리는 딸을 이해할 수 있는 사람은 아무도 없었다. 그 아이는 사춘기 때 만난 남자 친구가 자신을 따뜻이 안아 주고, 늘 손을 잡고 걸어 주는 것이 너무 좋아서 그 좋은 가정을 버렸다고 한다. 이 아이의 사랑의 언어가 육체적인 접촉인 것을 부모는 몰랐다. 늘 경건하게 아이와 대화하고, 좋은 선물을 주고, 늘 함께 있으려고도 노력했지만, 이 아이의 메마른 사랑의 저수지를 채울 수는 없었던 것이다.

2년 만에 상처를 안고 돌아온 딸에게 친구는 사랑의 언어를 실행했다고 한다. 얘기를 들어 줄 때 늘 손을 잡고, 또 아침과 저녁에 수시로 안아 주며 사랑한다고 말했다고 한다. 복학하여 대학에 진학한 그 딸은 지금 상담학을 공부하고 있다.

육체적인 접촉이 사랑의 언어인 사람들은 집에서 그 저수지를 채우지 못했을 때 그것을 채우러 밖으로 나가게 된다. 갓난아이들은 아무것도 모를 때부터 신체적인 접촉을 통해서 자신이 사랑받고 있음을 느끼게 된다. 그래서 부모가 많이 안아 준 아이들과 안아 줌과 만져 줌을 받지 못하고 자란 아이들이 정서적인 안정감에서 많이 차이가 난다고 하지 않는가?

보석을 캐는 리더

연애할 때 상대방에게 나의 사랑을 어떻게 표현했는지를 잘 생각해 보자.

나와 상대의 사랑의 언어를 발견한 후에는 나의 언어가 아닌 상대의 언어로 사랑을 표현해야 상대의 사랑의 저수지가 채워진다.

그러면 내 인생은 무엇이냐고 질문할 수 있을 것이다. 그때 이 말씀을 묵상해야 한다.

"주라 그리하면 너희에게 줄 것이니 곧 후히 되어 누르고 흔들어 넘치도록 하여 너희에게 안겨 주리라 너희가 헤아리는 그 헤아림으로 너희도 헤아림을 도로 받을 것이니라"(눅 6:38).

이 도구를 우리가 속한 공동체 안에서 유용하게 사용하면 우리 공동체 안에 있는 사람들이 사랑으로 충만한 사람들이 되고, 그 사람들은 메마른 세상을 사랑으로 채우는 하나님의 도구로 쓰임 받을 수 있을 것이다.

"새 계명을 너희에게 주노니 서로 사랑하라 내가 너희를 사랑한 것 같이 너희도 서로 사랑하라 너희가 서로 사랑하면 이로써 모든 사람이 너희가 내 제자인 줄 알리라"(요 13:34-35).

상대방의 기질을
파악하고 코칭하라

02

진정한 코치는 그 사람의 장점과 단점을
스스로 보게 하여 자라게 한다.

기질, 성품, 인격

각기 다른 기질과 유형의 사람들을 위한 이해를 배우기 전에는 나
와 다른 사람들은 틀린 사람이라고 나도 모르게 생각했다. 그리고 마
음으로 조금은 무시해 버린 사람들도 있었다.

결혼 초에 미국 교회를 4년간 다니면서 주일학교 교사도 하고 여성
성경 공부 그룹의 리더로 섬기며 너무나 많은 것을 배웠다. 그때 만난
하나님의 사람들을 잊을 수가 없다. 그분들의 삶을 통해서 보이지 않
는 하나님을 만날 수 있었고, 하나님의 거룩한 성품을 눈으로 보고 손
으로 잡을 수 있었다. 그때 16주간에 걸쳐서 교육받았던 것이 '기질의
이해'였다. 그때 받았던 교육이 그 이후 소그룹 사역에서, 그리고 가족
안에서 다른 사람들을 이해하고 섬기는 데 얼마나 큰 재산이 되었는지
모른다.

그리고 몇 년 전에 코칭의 대가인 스티브 오거니(Steve Ogne)에게서 각기 다른 유형의 사람을 이해하고 코치하는 기술을 배웠는데, 그 이후 주위 사람들에 대한 이해의 깊이가 더 깊어졌을 뿐 아니라, 그들을 어떻게 코치하면 더욱 효과적일지를 계속 연구하면서 실천을 통해 조금씩 더 알아 갈 수 있게 되었다.

팀 라헤이 박사의 책들은 기질의 이해에 많은 도움을 주었다. 팀 라헤이 박사는 기질(temperament)은 타고난 유전적인 요인이나 국민성, 인종, 성별에 의해서 형성된다고 한다. 기질은 유전된다고 하는데 예측하기는 어렵다고 한다.

반면에 성품(character)은 기본적으로 타고난 기질 위에 훈련, 교육, 신앙심 등이 가미되어 형성된 마음의 숨은 사람으로 지(知), 정(情), 의(意)의 세 가지로 구성되어 있는데, 많은 사람이 타고난 기질은 변할 수 없다고 하지만, 다른 이들을 힘들게 하는 기질을 가지고 태어난 사람들이 예수님을 믿고 인격적으로 하나님과 교제하면서 좋은 성품으로 변해 가는 것을 수없이 보아 왔다고 했다.

그리고 인격(personality)은 사람들 앞에서 나타나는 모습이라고 한다. 그래서 안 좋은 성품을 가진 사람도 좋은 인격을 가졌다는 칭찬을 들을 수 있는 것이다.

기질마다 장점과 약점이 있는데, 진정한 코치는 그 사람의 장점과 단점을 스스로 보게 해 주고 장점은 개발시킬 수 있도록 도와주고, 단점은 함께 기도하고 훈련하여 고쳐 나갈 수 있도록 해 주는 사람이다.

사람들은 나이가 들면서 타고난 기질 위에 인격을 형성하며 살아가는데, 사람마다 자신의 특이한 성향이 있어서 몇 개의 분류 안에 모두

집어넣는 것은 타당하지 않다고 여겨지기도 한다. 하지만 기질 연구는 2,400여 년 전에 희랍의 의사이자 철학자인 히포크라테스가 발표한 후 오랫동안 잊혀진 것 같다가도 다시 살아나 아직까지 널리 통용되고 있다. 뿐만 아니라 DISC(행동 유형 진단 프로그램. Dominance, Influence, Steadiness, Conscientiousness의 약자)나 MBTI(마이어브릭스 유형지표. The Myers-Briggs Type Indicator의 약자)같이 사람을 분류하고 연구하는 공부가 계속 이어지는 것을 보면 관계의 문제를 해결하기 위해 사람에 대한 연구를 끊임없이 하고 있다는 것을 알 수 있다. 일단 거의 모든 학설이 공통적으로 동의하여 나누고 있는 사람들의 유형을 크게 네 가지로 모아서 분류해 보고, 그런 사람들을 어떻게 도와주는 것이 효과적인지 정리해 보았다.

보석을 캐는 리더

◆ 발견의 도구 7

유형을 알고 돕는 맞춤형 코칭

감정이 풍부하여 활발하고 낙관적이며 사람들이 중요한 사람

이런 사람들은 보통 다혈질로 불리는데, 생각보다는 느낌을 따르는 사람들이다. 단순하고 감정의 기복이 심한 반면, 창조적이고 재미있는 사람들이다. 항상 흥미진진한 삶을 원하고 마음이 순수한 사람들이다. 이 사람들 때문에 세상은 무척 재미있고 흥미로운 곳이 될 수 있다. 일보다는 사람이 더 중요한 사람들이라 사람들을 사랑하고, 사람들을 기쁘게 해 주고, 사람들에게 관심을 받기 위해서 많은 일들을 자원하지만, 우선순위가 뒤죽박죽이어서 맡은 일에 대해 집중력이나 책임감이 부족하다.

이런 사람을 개발시키기 위해서는 사람을 좋아하는 형이므로 사람과 접촉할 수 있는 일을 맡겨 주고, 사람들의 인정과 승인이 필요한 형이므로 칭찬과 인정하는 말로 격려해야 한다.

그들의 약점은 충동적으로 많은 일에 자원하지만 그 일을 수행하기 위해 알고 행해야 할 세부 사항과 사실은 소홀히 하는 경향이 크다는 점이다. 따라서 하나의 일을 충실하게 잘 끝내기 전에 다음 재미있는 일로 옮겨 가기를 좋아하는 이 사람들에게는,

일을 진행해 가면서 중간 중간 계속 인정해 주고 칭찬해 주면서 잘 끝낼 수 있을 거라는 자신감을 계속 부어 줄 필요가 있다.

그리고 이런 사람들을 상담하고 코치할 때는 장소와 분위기뿐 아니라, 누가 함께하느냐도 신경 써야 한다. 같은 일이라도 어디서 하느냐, 누구와 함께하느냐에 따라 일에 쏟는 열정이 달라지는 사람들이기 때문이다. 이 사람들은 어디서 하고 싶은지, 누구와 함께하고 싶은지를 질문해 주면 기뻐한다.

예전에 함께 사역했던 한 청년이 있었는데, 이런 유형의 사람이었다. 그는 늘 충동적이었고 영적 질서를 존중하지 않았다. 그렇지만 모든 일에 열정적이었고, 사람들을 좋아해 사교적이었다. 당시 우리를 인도했던 리더는 매우 온유한 분이었는데, 이 청년이 새로운 사역에 자원하면 지금 하고 있는 사역을 너무 잘하고 있으니 그 일에 더욱 충실하라고 격려하셨다. 그리고 중간 중간 일을 해 나가는 것을 점검하시며 세세한 일까지 대강 넘어가지 않고 하나하나 챙기는 훈련을 시켜 주셨다. 일의 속도를 줄여 주시고, 한 가지 일을 잘 마무리할 때마다 진심으로 칭찬해 주시며 기뻐해 주셨다.

잘난 척하고 수다스럽고 지독하게 감정적인 그 형제가 얼마나 훌륭하게 변했는지를 지켜보며 그 탁월한 리더에게 깊은 감동을 받은 기억이 있다. 졸업반 때 그 형제는 리더십에서 많은 사람에게 동기를 부여하고, 행사 때마다 사람들을 동원하고 참

보석을 캐는 리더

여시켰다. 그의 열정과 친화력에 많은 사람이 감명을 받고 따르게 되었다.

많은 관중이 필요하고 그들에게서 인정받는 것이 이런 유형의 사람들이 살아 나가는 힘이지만, 그들이 하나님 안에서 성숙해지면 하나님을 삶의 최고의 관중으로 믿고 그분을 기쁘게 해 드리기 위해서 살아가게 된다.

"그런즉 누구든지 그리스도 안에 있으면 새로운 피조물이라 이전 것은 지나갔으니 보라 새 것이 되었도다"(고후 5:17).

이성적이고 철저하고 의지가 강하고 현실적인 사람

이들은 보통 담즙질의 기질을 가지고 있는데, 감정적이지 않고 지극히 이성적인 사람들이다.

목표 지향적이고 의지가 강한 사람들이며, 매사를 자신이 주도하려는 유형이다. 지나치게 주관이 뚜렷하고 의사소통도 솔직하고 직선적이기 때문에, 본의 아니게 주위 사람들에게 상처를 줄 수 있는 성향의 사람들이다.

"지도자는 타고나는 것이지 만들어지는 것이 아니다"라는 사실을 이 유형의 사람들은 스스로 진리라고 믿고 살고 있다. 이들의 가장 큰 장점은 결단력이 강하고 위기에 강하다는 것이다.

따라서 목표를 달성할 때까지 포기하지 않고 자신에게 끊임없이 동기를 부여한다. 하지만 다른 사람과의 관계가 결코 순조롭지 않은 사람들이다. 자신들이 완벽하게 모든 일을 잘 하기 때문에 다른 사람들에게도 완벽하기를 기대하고, 인내심이 부족하여 늘 무례하게 지적한다. 이 사람들에게 상처받는 사람들은 그들을 교만하다고 생각할 수 있다.

이런 사람들을 섬기는 사람들로 개발하기 위해서는 일단 그들에게 왜 변화되어야 하는지 명확한 목적의식을 제공해 주어야 한다.

많은 경우 어려운 관계 문제에 봉착했을 때 비로소 일보다는 사람이 더 중요함을 깨닫게 된다. 그리고 자신들의 태도가 변화되어야 함을 알고 변화를 시도하는 목표를 세우게 된다. 그들이 성취해 내는 어떤 결과에 함께 기뻐해 주는 것이 행동 동기를 부여해 줄 수 있는데, 일보다는 사람들을 더 소중하게 여길 수 있도록 안내해야 한다.

예를 들어 다른 사람들의 감정에 둔감한 그들에게 아름다운 관계 형성의 중요성을 알려 주며 변화되어야 하는 이유들을 깨닫도록 해 주어야 한다. 그리고 자신을 돌아보며 구체적으로 어떤 일부터 시도해 볼 것인지 스스로 찾아보게 한다. 이 사람들은 누군가가 찾아 주는 적용을 거부하는 성향이 있다. 이들은 자신에게는 코치나 멘토가 필요하지 않다고 생각할 수도 있다. 내 주위에는 가까운 가족부터 함께 사역하는 사람들까지 이런 유형의 사

보석을 캐는 리더

람들이 많다. 이런 사람들은 일이 중요하고, 또 그 일을 이루기 위한 속도도 중요하다. 그리고 많은 경우 모든 일을 탁월하고 우수하게 해낸다. 이 사람들은 어떤 일을 맡길 때 기한을 주는 것을 좋아한다. 내가 아는 한 자매는 일을 부탁하면 항상 질문하는 것이 "언제까지 끝내야 합니까?"이다.

그래서 이 사람들에게는 언제까지 하라고 명령하지 말고 "언제까지 끝내고 싶으냐?" 또는 "언제쯤에 어떤 일을 하기를 원하느냐?" 같은 질문을 하면 스스로 계획을 세우고 성취하려는 욕심에, 의식하지 못하는 가운데 기쁘게 코칭을 따를 것이다.

일의 속도보다는 함께 일하는 사람들과 이루어 나가는 과정이 중요함을 깨닫게 되면, 이런 사람들은 모든 모임에서 주도적인 역할을 담당하게 되며, 신속하고 확실하게 일이 이루어지도록 이끄는 사람이 된다. 그리하여 위험을 무릅쓰고 새로운 일을 시도하는 선구자적인 역할을 감당하고, 위기에 대처할 힘을 다져 훌륭한 리더로 세워지는 것을 수없이 보아 왔다. 이들은 매우 강한 성품이라 여간해서 잘 변화되지 않는데, 많은 경우 말씀 앞에서 하나님이 바꾸시는 것을 보아 왔다.

우리 집 아이들 아빠도 이런 성향의 사람인데 자신에게 변해야 할 부분이 있다는 것을 처음에는 모르는 듯했다. 모든 사람의 의견을 다 듣는 것은 시간 낭비라고 생각하고, 식당을 정할 때도, 함께 관람할 영화를 고를 때도 늘 일방적으로 주어진 상황에서 최선이라 여기는 것을 혼자 선택하곤 했다. 많은 경우에 옳은 선택을 하기 때문에 문득문득 기분이 나빠도 크게 문제 삼지 않고 살았는데, 아이들이 크면서 민주적이지 못한 방식에 반기를 드는 일이 잦아지면서 가족들과 몇 번의 부딪힘을 통해 자신의 문제를 보기 시작했다.

아이들이 왜 모든 사람이 아빠의 방법에 다 맞추어야 하느냐고 심각하게 질문하기 시작했던 것이다. 나도 기질에 관해 배우면서 더 많이 남편을 이해하게 되었지만, 문득문득 동일한 질문을 하며 살아가고 있었다. 그러면서 우리 가족은 구체적으로 하나님께 아빠의 연약함을 놓고 함께 기도드리기 시작했다. 어느 날부터 아빠는 다른 사람의 말을 잘 들어 보려고 노력하고, 빨리 빨리 일이 진행되지 않을 때도 의식적으로 인내하고, 일보다 사람들에 대해 더 관심을 가지도록 스스로 노력하기 시작했다. 많은 세월이 지난 지금은, 사람들과 일의 속도에 대해서 융통성과 여유를 갖게 되고 온화하고 열린 마음을 가진 다정한 장로님으로 변화되었고, 지금도 스스로가 부단히 노력하는 가운데 교인들과 아이들로부터 사랑과 존경을 받고 있다.

"또 새 영을 너희 속에 두고 새 마음을 너희에게 주되 너희 육신에서 굳은 마음을 제거하고 부드러운 마음을 줄 것이며"(겔 36:26).

예민하고 감수성이 풍부하며 내향적이고 신중한 사람

이 사람들은 보통 우울질이다. 늘 생각이 많고, 걱정이 많은 사람들이다. 모든 면에 성실해서 친구를 쉽게 사귀지는 않아도 한번 사귄 친구와는 평생을 충실하게 지낸다. 이 사람들은 많은 경우 비판적이고 부정적인 시각으로 모든 상황을 대하기 때문에 늘 우울해 보일 수 있다. 까다롭고 쉽게 용서를 못하고 의심이 많기는 하지만, 다른 사람들의 기분에 민감하기 때문에 늘 조심스럽게 관계를 형성하고 이해심이 많다. 이 사람들은 자신이 희생하여 어떤 일이 성취되는 것에 삶의 보람을 느끼며 기뻐하기 때문에 희생정신이 뛰어나다. 한번 좋아하고 의미 있다고 생각한 일에 대해서는 자신의 전부를 바치고 집중하는 사람들이다. 이들은 보통 재능이 많고, 천재적인 작품을 낼 수도 있는 잠재력이 너무나 많은 사람들이다. 의미 있는 일 하기를 즐기며 한번 선택한 일은 끈질기게 노력하여 뭔가를 성취하려 한다. 그래서 모든 일들 앞에서 그들은 왜 이 일을 해야 하느냐고 질문한다. 그리고 스스로 의미를 찾지 못하는 일은 누가 뭐라고 해도 하지 않는다.

작은딸 유리는 어렸을 때 자기가 좋아하는 과목은 다 100점을 받았지만, 싫어하는 과목은 공부도 하지 않을 뿐 아니라 시험을 보면 백지로 내 버렸다. A학점과 F학점이 섞여 있는 성적표를 들고 얼마나 난감했는지 모른다. 거의 매일 선생님과 학교의 질서를 존중하는 것이 얼마나 중요한 일인지를 몸소 보여 주려고 노력했고, 좋아하지 않는 공부도 해 두면 꼭 필요할 때가 올 거라고 잘 설명해 주어야 했다. 그리고 새로운 과목을 시작할 때마다 이 공부는 왜 해야 할까, 어떤 것들을 배울 수 있을까라는 질문을 계속하며 스스로 의미를 찾아보도록 도와주고, 학기가 끝날 때마다 칭찬하며 한 학년씩 마무리 지을 수 있게 했다.

이 아이와 씨름하며 보낸 세월은 돌아보며 웃을 수만은 없는 힘든 나날이었다. 하나님의 은혜로 지금은 모든 과목에서 비슷한 학점을 유지하고 있다.

이런 사람들을 개발하기 위해서는 모든 일에 의미를 부여하는 것이 중요하다. 이 사람들은 일의 많고 적음보다는 질적인 내용이 더 중요하다고 생각하기 때문이다. 지나치게 정확하고 철저히 일하기 때문에 시간 감각이 없을 수 있으므로, 정해진 시간 안에 끝내야 한다고 계속 상기시켜 주어야 한다. 그리고 많은 자료와 증거가 있어야 어떤 일을 결정하기 때문에 의사 결정을 할 때 주저함이 많으므로 확신을 가지고 결정할 수 있도록 인도해 주어야 한다.

또 이런 류의 사람들은 힘든 상황이 오면 일단 도망가고 싶어 한다. 유리가 네 살 때 1년 동안 무용 학교에 다니며 탭댄스를 배웠는데, 공연하는 날 맨 앞에 서 있던 유리가 막 쇼가 시작되려는 순간 갑자기 무대에서 들어와 버렸다. 왜 그러냐고 했더니, 사람들이 자기를 보고 웃고 앉아 있는데 그 사람들 앞에서 춤추기가 싫다는 것이었다. 선생님들과 내가 온갖 방법으로 설득하고 협박

해도 듣지를 않았다. 그 이후 유리는 10년 동안 사람들 앞에서 발표해야 하는 것은 어떤 것도 하지 않았다.

작은딸을 야단칠 수 없는 중요한 이유는 너무나 나를 닮아 있기 때문이다. 어렸을 때 학교에서 예방접종과 함께 피검사를 해 주었다. 내 혈액형이 B형이라고 했다. 난 그날부터 심각한 고민에 빠졌다. 내가 알기로 엄마와 아빠는 혈액형이 A형인데 어찌하여 내가 B형이란 말인가? 누구한테 말도 못하고 소심하게 혼자 끙끙대다가 결국은 '남의 집에 더 이상 얹혀살 수 없다', '부모님은 나를 위해서 사실을 말씀하시지 않을 거야'라고 온갖 영화를 혼자 다 찍다가 나름대로 결심을 했다. 좋은 날을 택해서 새벽에 집을 나가 강원도 산골에서 토끼를 키우며 살기로 말이다. 짐도 중요한 것들은 다 싸 두었는데, 막상 집을 나가기로 한 날 며칠 동안 못 먹고 못 자고 지낸 탓에 탈수와 탈진으로 병이 나서 일어날 수가 없어 가출에 실패했다. 병이 난 나를 데리고 엄마가 병원에 가셨는데 거기서 다시 피검사를 해보니 A형이라고 했다. 학교에서 한 피검사가 잘못됐던 것이다.

이런 유형의 사람들의 위기 대처 방법은 현실로부터의 도망이므로, 도피하지 않고 주어진 상황에서 지혜롭게 위기에 대처하도록 바로 곁에서 도와주어야 한다. 혹 도망가더라도 포기하지 않고 그들 곁에서 현실을 직시할 수 있게 하며 인내하면서 기다려야 한다. 비판적인 이들에게 모든 상황과 사람을 긍정적인 시선으로 볼 수 있도록 하고, 사교성이 없는 이 사람들이 사람들과 사교적으로 지내도록 잘 안내해 주어야 한다.

내가 아는 한 자매는 결혼을 앞두고 여러 가지 결정을 해야 하는 상황에서 몹시도 혼란스러워하고 있었다. '이 사람과 결혼하면 과연 행복할까?', '이 사람을 향한 내 감정이 정녕 사랑의 선택일까?', '이 사람은 진실로 나를 사랑할까?' 같은 질문을 하며 밤을 새고 있었다. 그리고 낮에는 남편 될 청년과 함께 결혼식을 준비하면서, 완벽하게 조직적이고 계획적인 성격 때문에 털털하고 덤벙대는 약혼자를 늘 불만스러워하다 급기야 '이 사람은 나중에 나를 불행하게 만들 거야'라는 결론까지 내리게 되었다. 그래서 결국 결혼식장에 나타나지 않은 것이다. 약혼자는 물론이고 친지 모두에게 충격과 분노를 안겨 준 사건이었다.

그런데 놀라웠던 것은 그 약혼자의 반응이었다. 그 사람은 약혼녀를 이해한다고 말해 주고, 왜 그렇게 힘들었는지 충분히 말할 수 있도록 귀를 열어 주고 대화해 주었다. 그리고 그 전보다 더 구체적으로 사랑을 표현해 주며, 그 자매가 더욱 두 사람의 사랑에 확신을 가질 수 있도록 도와주었다. 그리고 아름다운 결혼의 의미와 중요성, 함께 이루어 나갈 귀한 사역 등을 반복해서 확신시켜 주는 수많은 편지와 대화의 시간들이 오간 2년 후 두 사람은 결혼했고, 아름답게 꾸민 집에서 세 자녀를 낳아 잘 가르치며 살고 있다. 물론 교회에서도 여러 가지 사역을 섬세하고 탁월하게 잘 감당하고 있다.

"내가 네게 명령한 것이 아니냐 강하고 담대하라 두려워하지 말
며 놀라지 말라 네가 어디로 가든지 네 하나님 여호와가 너와 함
께 하느니라 하시니라"(수 1:9).

평화스럽고 온유하나 우유부단하고 열정이 없는 사람

항상 조용하고 태평스러운 사람들이 있다. 거의 모든 사람과
화목하게 지내고, 아무에게도 거슬리지 않고, 자기를 지나치게
주장하지도 않는 그런 사람들이다. 어린아이일 경우, 모든 어른
의 칭찬을 들으며 자라는 착하고 순종적인 아이다.

다른 사람들이 다투면 화해를 시키려고 노력하는, 어떤 상황
에 놓여도 매우 외교적인 사람이다. 재미있는 유머도 잘해서 많
은 친구를 주위에 두고 언제나 외롭지 않게 살아가는 사람이다.
복잡한 일에 뛰어드는 것을 싫어하며 거의 모든 일에 방관자처
럼 살아가는 편이다. 어느 정도 강제성이 주어지지 않으면 어떤
일에 자발적으로 참여하려고 하지 않는 성향이 있는 사람들이다.
이런 사람들은 자진해서 리더가 되려고 하지 않는다. 그러나 일
단 리더십이 주어지면 누구보다도 유능하게 잘 해낼 수 있는 사
람이다. 무엇보다도 사람들과의 관계를 화목하게 하는 평화의 도
구로 쓰임받을 수 있다.

그러나 주어진 방법대로 꾸준히 하는 것은 잘하지만, 새로운 방법을 창조해 내고 효과적인 대안을 만들고 하는 일은 조금은 게으른 성향 때문에 싫어할 수 있다. 그래서 이 사람들에게 일을 맡기면 "어떻게 해야 하는 거냐?"고 늘 질문한다.

그래서 이 사람들에게는 점진적이고 구체적인 질문을 던지면서 스스로 좋은 방법을 위해 고민하며 생각할 수 있도록 해 주어야 한다. 그리고 직접 생각해 낸 방법으로 뭔가를 시도했을 때 마음을 다해 칭찬해 주어야 한다. 비록 썩 맘에 들지 않는 방법이라 할지라도 말이다.

이 사람들은 비록 빠르게 행동하여 일을 이루지는 못할지라도 다른 사람들과 잘 협력하여 좋은 관계를 형성하는 리더로 쓰임받을 수 있는 사람들이다.

겁이 많아서 어떤 일을 선뜻 맡으려 하지 않으므로 주위에서 확신을 가지고 권고하여 일을 시작할 수 있게 해 주어야 한다. 이들은 일에 지장이 있을 정도로 사람들과의 관계가 중요한 탓에 여러 가지 일을 타협할 수 있는 성향이 있는 사람들이다. 그래서 꼭 밝혀야 하는 일들도 그저 수용하고 묵인하며 넘어갈 수 있다. 지나치게 분석하고 철저한 것도 힘들지만, 이런 사람들과 함께 일하는 것도 쉬운 일이 아니다. 따라서 이런 사람들과 함께 일하려면 어떻게 거절하는지, 어떻게 기분 상하지 않게 충고할 수 있는지 그런 구체적인 방법들도 일러 주면서 그 사람들이 할 수 없

보석을 캐는 리더

어 하고 힘들어하는 부분들을 시도해 보도록 격려해 줄 필요가
있다.

지금 내가 무척 아끼는 자매가 있다. 그런데 처음 그 자매를
알게 되면서 다른 이들에게 "그분 어떤 분이세요?"라고 물어 보
면 "뭐 되는 일도 없고, 안 되는 일도 없는 그런 사람이지요"라는
대답이 돌아왔다.

겪어 보니 정말 그랬다. 그렇지만 침착하고 신중하고 선한 사
람이었다. 함께 말씀 공부를 하면서 하나님이 삶에 열정을 불어
넣어 주시자, 그저 느긋하게 현재에 안주하려던, 안 되는 것은 적
당히 포기하고 살려 했던 그 사람에게 엄청난 부담과 도전이 주
어지기 시작했다. 말이 조금은 어눌한 그분에게 새로운 그룹이
맡겨지면서 홀로 서기가 시작됐다. 얼마나 열심히 충성스럽게 그
그룹 구성원들을 섬기는지 그저 감동 그 자체였다. 무엇보다도
열심히 기도하셨고, 하나님은 많은 영혼을 그에게 붙여 주셨다.
지금은 많은 리더의 본이 되고 있는 그분에 대해 물어 보면 사람
들이 이렇게 답할 것 같다.

"그분이 하시면 안 되는 일이 없어요!"

"이로써 그 보배롭고 지극히 큰 약속을 우리에게 주사 이 약속으
로 말미암아 너희가 정욕 때문에 세상에서 썩어질 것을 피하여
신성한 성품에 참여하는 자가 되게 하려 하셨느니라"(벧후 1:4).

1. 타인에게 가장 많이 요구하는 사랑의 방법은 무엇인가?

_____

_____

_____

질문 예시

> 절기마다 선물을 기대하고 원하는 사람은 선물이 사랑의 언어이다.

2. 당신은 어떠한 경우 큰 상처를 받는가?

_____

_____

_____

3. 사랑을 어떻게 표현하는가?

_____

_____

_____

질문 예시

> 상처받고 누군가가 자기의 험담을 했다는 것을 알았을 때 정신없이
> 화가 난다면, 그 사람이 가진 사랑의 언어는 험담의 역인 '인정하는 말'이다.

1. 이 사람은 어떤 유형의 사람인가?

_____

2. 이 사람의 장점은 무엇인가?

_____

3. 이 사람의 단점은 무엇인가?

_____

4. 이 사람은 의사 결정을 어떻게 하고 있는가?

_____

5. 이 사람은 위기에 어떻게 대처하는가?

_____

6. 이 사람은 어떤 일을 하면 속한 공동체에 도움이 될 수 있을까?

_____

7. 이 사람에게 어떻게 동기부여를 하면 잘 할 수 있을까?

_____

PART 4 /

성실한 보살핌으로 보석을 캐라

인도자는 엄마처럼 보호해 주고
양육해 주는 사람이다.
힘없는 발로 한 발자국 디딜 때마다
박수 치며 칭찬해 주고,
지칠 때 안아서 쉬게 해 주며,
신호등처럼 멈추어야 할 때와
가야 할 때를 알려 주는 사람이다.

◆◆◆

위로자의 모습

"너희의 하나님이 이르시되 너희는 위로하라 내 백성을 위로하라 너희
는 예루살렘의 마음에 닿도록 말하며 그것에게 외치라 그 노역의 때가
끝났고 그 죄악이 사함을 받았느니라 그의 모든 죄로 말미암아 여호와
의 손에서 벌을 배나 받았느니라 할지니라 하시니라"(사 40:1-2).

요구하는 사람, 위로하는 사람

정원

잔소리를 하지 마십시오.
사람들에게 부담을 주지 마십시오.
우리는 요구하는 사람이 되어서는 안 되며
위로하고 격려하는 사람이 되어야 합니다.

잔소리를 하는 것은
비난이며 정죄이며 공격입니다.
그것은 사람에게 아무런 힘이 되지 않으며
할 수 없는 것을
더 할 수 없도록 만듭니다.

보석을 캐는 리더

우리가 할 수 없는 것은
힘이 부족하기 때문이며
잔소리를 통해서는 힘을 빼앗겨
더 할 수 없게 되지
결코 긍정적인 변화가 생기지는 않습니다.

잔소리는 다리를 다쳐서 걷지 못하는 이에게
걷지 못한다고 야단을 치며
다리를 부러뜨리는 것과 같습니다.

격려는 위로와 힘을 주며
할 수 없는 것을 할 수 있는
힘과 용기를 줍니다.

우리는 위로자와 격려자가 되어야 하며
결코 부담을 주는 사람이 되어서는 안 됩니다.

끊임없이 남에게 잔소리를 해 대며
사람들이 자기를 좋아하지 않는다고
툴툴거리는 사람들이 있습니다.
그러나 정신병자 외에는
아무도 잔소리하는 이를
좋아하지 않을 것입니다.

부모들이 자녀들에게 잔소리를 하기 때문에

자녀들이 빗나가며

사역자들이 성도들에게 잔소리를 하기 때문에

성도들의 영혼이 죽어 갑니다.

그들은 격려와 힘을 얻기를 기대하며

기쁨으로 교회에 오는 것이 아니라

그저 별 기대 없이 습관적으로 교회에 옵니다.

치는 것을 사명으로 생각하는 사역자들도 있는데

그것은 예배를 지옥으로 만드는

가장 효과적인 방법입니다.

잔소리는 병들고 어린 심령에서 나오는 것이며

결코 선지자의 심령에서 나오는 것은 아닙니다.

주님의 은총을 많이 경험할수록

우리는 사람을 세워 주는 사람이 되고

때리는 사람이 되지 않습니다.

주님은 우리에게 잔소리를 하지 않습니다.

사마리아 여인에게도

간음하다 잡혀 온 여인에게도

남들의 돈을 많이 떼어먹은 세리에게도

주님께서는 잔소리를 하지 않으셨습니다.

그분은 위로하고 친절하게 대해 주시며

그들을 축복하셨습니다.

그리고 그 사랑으로 인하여

그들은 변화되었습니다.

오늘도 주님은

우리를 격려하시고 축복하십니다.

우리가 이처럼 엉망인데도

주님은 사랑의 손으로 어루만지십니다.

그분의 그러한 손길을 경험하고

우리는 변화되어 가는 것입니다.

잔소리를 하지 마십시오.

잔소리가 올라오고

사람들이 하는 짓이 꼴 보기 싫을 때

주님의 온화한 모습을 바라보십시오.

그 기운을 내려놓으십시오.

사람이 예뻐 보이지 않을 때

아무 말도 하지 마십시오.

부디 격려의 사람이 되십시오.

요구를 하지 말고

섬기는 사람이 되십시오.

그것은 영혼을 섬기며

생명을 일으키는

아주 아름답고 귀한 사역입니다.

우리는 모두

그러한 사역자가 되어야 할 것입니다.

이 지치고 피곤하며

안식도 위로도 없이

온통 서로 정죄하고 공격하는 이 세상에서

한 줄기의 빛처럼

용기와 기쁨을 주는 사람

희망과 위로를 주는 사람이 되어야 할 것입니다.

보석을 캐는 리더

명령 대신 삶으로 보여 주라

01

사랑하고 돌보는 것은 우리의 역할이지만,
변화시키는 것은 하나님만이 하시는 일이다.

명령받는 것을 가장 싫어하는 사람들이 가장 명령을 잘 한다. 그리고 대부분 그들은 항상 옳다. 사람들은 그들을 따르지만, 늘 마음이 상할 수 있다.

특히 자녀들을 양육할 때 어떻게 하면 명령하지 않고 그들을 키울 수 있단 말인가? 우리의 자녀를 늘 누구의 명령과 지시에 순종하는 사람들로만 키울 것인지, 아니면 스스로 주체적이고 현명한 선택을 할 줄 아는 사람으로 키울 것인지는 우리에게 달려 있다.

그리고 우리와 함께 일하는 사람들도 늘 우리의 명령에 순종하고 우리가 지시하는 일에 그대로 불평 없이 따르는 사람으로 훈련시킬 것인지, 창조적이고 지혜로운 선택을 할 줄 아는 사람으로 개발시킬 것인지도 우리에게 달려 있다.

지금 바로 약속 장소로 떠나야 하는 상황일 때 "빨리 차에 가. 바로 움직여!" 같은 명령이 떨어지면, 그대로 하면서도 자신이 지배당하고 눌려 있다는 느낌이 들게 된다. 이럴 때는 상대에게 무엇을 하라고 명령하지 말고, 내가 무엇을 할 것인지를 말해 준다.

"난 지금 바로 차로 가서 5분 안에 떠날 거야. 안 그러면 많이 늦을 것 같아. 바쁘게 걸어야 해."

이렇게 말을 하면 함께 움직여야 하는 줄 아는 상대라면 서둘러 차를 탈 것이다. 그리고 어떤 일을 맡길 때 방법적인 부분은 몇가지 중에 선택할 수 있도록 하든지, 아니면 스스로 방법을 찾을 수 있도록 질문하는 것이 좋다.

자녀들을 양육할 때 이런 방법을 쓰면, 부모들이 엄청난 인내심을 발휘해야 할 뿐 아니라, 시간적 낭비도 있을 수 있다. 그렇지만 수없이 실수를 반복하면서 그들은 지혜롭고 창조적인 아이들로 성장할 수 있을 것이다. 무엇보다도 명령하지 않고도 우리를 놀랍게 인도하는 리더들의 특징은 그들의 삶이 그들의 말과 일치한다는 것이다. 삶을 지켜보며 배우고 깨닫게 되는 것은 무언의 웅변으로 사람을 이끄는 힘이기 때문이다.

우리의 역할, 하나님의 역할

소그룹 리더라면 누구나 구성원들 중 꼭 변화가 필요하다고 판단되는 사람을 변화시켜 보려고 애쓴 경험이 있을 것이다. 거룩한 동기와 목표를 가지고 시작한 일이지만 많은 경우 실패로 끝난다.

사랑하고 위로하고 돌보는 것은 우리의 역할이지만, 변화시키는 일은 하나님만이 하시는 일이다. 변화하라고 강요하고, 안 하면 벼락 맞

보석을 캐는 리더

는다고 협박하며 이 집회 저 집회 끌고 다니다 보면 너무 지치고 힘들어 사랑하고 위로하고 돌볼 수 있는 여력도 감정도 남지 않게 된다. 결국 일사천리로 이 일을 원하는 시간 내에 성사시켜 주지 않으시는 하나님을 원망하는 시점까지 오게 되면, 자기도 모르는 사이에 자신부터 변화되어야 하는 지경까지 내려와 있는 것을 보게 된다. 하나님께 그분의 역할을 하실 수 있도록 기도로 올려 드리고, 사랑하며 끝없이 인내하며 돌보는 우리의 역할을 성실히 수행하면, 하나님은 그분의 일을 그분의 시간에 가장 완벽하게 해내실 것이다.

한 형제님이 찾아와 "저도 성경 공부를 하게 해 주세요"라고 하기에 어떻게 오시게 되었냐고 물었더니 이렇게 대답하셨다.

"우리 집사람이요, 단 하루도 같이 살기 싫은 사람이었습니다. 3년 전부터 성경 공부를 다니기 시작하더니 갔다 온 그날하고 그 다음날은 살 만한 사람이 되었습니다. 지금은 매일 같이 살고 싶은 사람이 되었습니다. 저도 그 사람처럼 변화되고 싶습니다."

그 남편도 지금 열심히 성경 공부를 하고 계신다.

가장 가까이에서 편하게 대할 수 있는 남편에게 변화를 인정받을 수 있다는 것은 놀라운 일이다. 남편이 하나님을 믿도록 하기 위해 그 부인은 온전히 말씀 앞에 순종하는 삶을 살며, 남편을 섬기고 사랑하는 역할을 충성스럽게 감당한 것이다. 그리고 하나님은 하나님의 일을 하셔서 그 남편을 변화시켜 주셨다.

다른 이들이 변화할 수 있도록 돕는 지름길은 자신이 먼저 변화되어 하나님 앞에서 충성스럽게 사랑과 섬김의 삶을 살아가는 것이다.

피상적인 충고는 금물

얼마나 많은 사람이 리더들의 피상적인 충고에 상처받고 절망스러워하는지 모른다. "요즘 교회 오기가 싫어요. 기도도 잘 안 되고요"라며 괴로워하는 사람에게 새벽 기도 안 나오고 말씀 읽기를 소홀히 해서 그렇다고 지적하며 하루빨리 시험에서 나오게 해달라고 기도까지 해 주면 그 사람은 더한 시험에 빠지게 되고, 다시는 그 리더에게 가까이 가지 않게 된다.

힘들어서 우리에게 찾아오는 사람들은 많은 경우 그 힘듦에서 벗어날 수 있는 방법을 물으러 오는 것이 아니다. 그저 답답하고 막막한 심정을 털어놓고 싶어서 오는 것이다. 그런 사람에게는 답이 아니라 따뜻하게 안아 줄 수 있는 가슴이 필요하다. "저도 그럴 때가 있었어요. 저도 너무 힘들었어요. 얼마나 답답하세요?" 이렇게 반응하는 리더들은 공감 능력으로 감동과 치유를 준다. 손을 잡고 아무 말 없이 울게 된다. 그저 고맙고, 언제든지 마음이 힘들 때마다 찾아와서 마음을 열고 함께 기도하고 싶어진다.

주일학교 사역을 맡았을 때 아이들과 깊은 공감대를 형성했던 사건이 있었다.

어느 주일날, 나름대로 준비한 설교를 열심히 하고 있는데 100여 명 중에 한 10명이 졸고 있는 것이 아닌가? 설교 중에 누군가가 졸고 있는 경험을 하신 분들은 그 마음이 얼마나 답답한지 알 것이다. 일어나라고 야단을 쳐 볼까도 생각해 봤지만, 내가 충분히 준비하지 못해서 그렇구나 하는 생각이 들었다. 이때 불현듯 그날 아침 교회 오기가 부담스러울 만큼 내 자신이 준비되지 못했던 것을 아이들과 나누고 싶

보석을 캐는 리더

었다.

"In fact, I didn't want to come to church today(애들아! 사실은 오늘 난 교회에 오고 싶지 않았어)."

그 순간 졸던 아이들의 눈이 화들짝 떠진 것은 물론이고 지루한 듯 앉아서 장난치고 있던 아이들까지 100% 집중하기 시작했다. 아이들의 반응에 순간 좀 당황스러웠지만 왠지 거기까지 하고 끝나면 교회에 큰 물의가 일어날 것 같았다.

"But when I came to see you all, I was glad that I came, and I realized that I have God-given joy and peace(그랬는데 이렇게 와서 너희들을 보니 너무 좋고, 하나님이 주시는 기쁨과 평화가 있단다)."

그 일이 있고 난 후, 멀리서 나를 보면 그저 손을 흔들거나 인사만 하고 지나가던 아이들이 나만 보면 다들 뛰어온다. 그러곤 자랑스럽게 얘기한다.

"Mrs. Paek, I didn't want to come to church today, but I came(저 오늘 교회 오기 싫었는데요, 그래도 왔어요!)"

아이들은 오기 싫은 교회에 올 때마다 그날의 설교를 떠올릴 것이고, 그런 날은 꼭 내게 와서 자랑스럽게 얘기할 것이다.

피상적인 충고는 좌절당한 마음을 더 닫아 버리지만, 자신의 연약함을 내어 놓고 같은 눈높이에서 들어 주면 사람들은 시험과 어려움이 찾아올 때마다 우리의 따뜻한 가슴을 향해 뛰어올 것이다.

부정적인 말이 주는 한계

교단에서 함께 일하는 사역 팀들과 매달 정기적으로 영성 훈련을 받는데, 몇 달 전에 우리 모두에게 하루라도 부정적이거나 거짓된 말을 하지 말고 지내보라는 숙제가 주어졌다. 처음에 그 숙제를 받았을 때는 별로 어렵지 않은 숙제라고 생각했다. 그러나 곧 일주일을 지내면서 부정적인 말을 하지 않고 보낸 하루를 자신 있게 말하는 것이 참 어렵다는 슬픈 사실을 인정할 수밖에 없었다.

드디어 어느 날 하루를 부정적인 말을 하지 않고 보냈다. 순간순간 부정적인 말을 입에 담지 않으려고 무척 애쓰며 지냈다. 자기 전에 늘 하듯이 베개 위에 두 손을 모으고 기도를 드렸다.

"하나님, 저 오늘 너무 피곤하고 힘들었어요. 부정적인 말을 안 하고 하루를 보내는 것이 이렇게 힘든지 정말 몰랐어요. 저같이 한심한 사람이 어찌 강사로 사람들 앞에 서서 리더십을 강의하는 위치에 있을 수 있겠어요. 저는 아무래도 구제불능인 것 같아요…."

거기까지 하다가 난 멈추었다. 그리고 깨달았다. 결국 그날도 그렇게 노력했던 거룩한 하루가 될 수 없었음을. 하루 동안 인내했지만, 하나님 앞에서는 실패했다. 말은 마음과 생각을 다스린다. 부정적인 말은 사람들과 상황을 보는 우리의 시각에 색안경을 끼워 준다. 그리고 스스로에게 한계를 그어 준다.

이웃, 특히 가까운 가족일수록 모든 상황에서 판단하고 부정적인 말을 던지기 쉽다. 아이들이 어려운 숙제나 시험공부를 하면서 "난 머리가 너무 안 좋아. 이 과목에선 절대로 좋은 점수를 못 받을 거야" 같은 말을 하면 엄마로서 무척 화가 난다. 노력하면 무슨 일이든 잘 할 수 있는 아이들이 스스로에게 그런 한계를 짓는 게 답답했다. 기분이 조금 나쁜 날에는 꼭 머리 안 좋게 낳아 준 날 원망하는 것 같이 들리기도

보석을 캐는 리더

했다.

하나님도 동일한 마음이실 것이다. 아이들을 앉혀 놓고 그런 부정적인 말은 하지 말아야 한다고 타이르면서, 그 아이들이 내게서 배웠을 거라는 사실은 깨닫지 못했다. 그리고 매일 부정적인 말로 자신과 타인을 정죄하고 한계를 지어 준 나를 보고 슬퍼하시는 하나님의 마음도 헤아리지 못했다.

긍정적인 한마디 말로 사람을 움직이고 또 변화시킬 수도 있고, 부정적인 한마디 말로 절망과 낙심을 심을 수 있으니 우리의 말은 축복의 도구로만 쓰여야 하겠다.

신호등 같은 리더

인도자는 목자처럼 지팡이와 막대기로 먼저 길을 헤쳐 주는 사람이다. 가 보지도 못한 길을 먼저 가라고 뒤에서 채찍질하는 소몰이 카우보이는 목자가 아니다. 먼저 밟아서 길을 만들어 주고, 막대기로 수풀을 헤쳐 주어 구덩이에 빠지지 않도록 길을 보여 주고, 지팡이로 해함을 받지 않도록 먼저 몸을 던져 희생해야 한다.

인도자는 엄마처럼 보호해 주고 양육해 주는 사람이다. 힘없는 발로 한 발자국 디딜 때마다 박수 치며 칭찬해 주고, 지칠 때 안아서 쉬게 해 주며, 신호등처럼 멈추어야 할 때와 가야 할 때를 알려 주는 사람이다.

가정에서 배우자와 아이들에게도 가르치는 자로 군림하면 가정의 리더십을 잃게 된다. 가장이라는 명분이 리더십을 주지는 못한다. 친밀한 대화를 통해 서로의 생각을 나눌 수 있도록 인도해 주고, 많은 말보다는 말문을 열어 주는 말을 할 수 있어야 한다.

언젠가 큰딸이 친구들과 얘기할 때 엄마 아빠가 가장 싫을 때가 언제냐는 질문이 나왔다고 얘기해 주었다. 아이들을 키우는 사람으로 무척 그 답이 궁금했다. 딸의 말이 99%의 아이들이 "엄마 아빠가 자기들을 앉혀 놓고 가르치려 할 때"라고 대답했다고 한다. 재미있는 것은 엄마 아빠의 말이 다 옳다는 것을 알면서도 그저 가르치려 하는 것이 너무 싫다는 것이다. "그럼 어쩌라고? 도대체 어떻게 해 줘야 하는 건데?" 하고 물어 보니 딸은 질문으로 답을 대신했다.

"가르칠 때 절대 할 수 없는 것이 뭔지 아세요?"

곰곰이 생각해 보았다. 가르칠 때 절대 할 수 없는 것은 들어 주는 것이었다. 말문을 열 수 있도록 질문해 주고, 그들의 대화를 마음으로 들어 주고, 공감해 주고 안아 주며 함께 울어 주고…. 이런 일들은 강의하며 가르치면서는 할 수 없는 일이 아닌가?

이 시간에도 아이들을 앉혀 놓고 훌륭한 가르침을 우아하게 베풀고 있을 이 땅의 많은 부모는 눈앞에 앉아 있는 자녀들이 "이 시간이 제일 싫어요"라고 말하고 있는 것을 과연 짐작이나 할 수 있을지 모르겠다.

아름다운 충고법

모임을 할 때 다른 사람에게는 기회를 주지 않고 모든 대화를 혼자 독점하는 사람이 있다. 한두 번도 아니고 매번 이 사람 때문에 듣기만 해야 하는 다른 사람들의 불만이 쌓여 가고, 리더로서는 어떻게든 대책을 세워야 하는 상황이다. 가장 좋은 방법은 그 사람과 따로 만나 자신의 행동이 그룹에 미치는 영향을 깨닫도록 충고해야 하는데, 항상 그렇듯 방법이 문제다.

이렇게 다른 사람들에게 하기 힘든 얘기를 해야 할 때가 있다. 그런 얘기는 안 하고 살았으면 좋겠지만 안 할 수 없는 상황이 있다. 이럴 때 지혜롭게 사용할 수 있는 도구가 있는데 이것을 '샌드위치 방법'이라고 부른다. 샌드위치를 만들 때, 빵 두 개와 고기 하나가 필요하듯 충고할 때는 적어도 두 개의 칭찬을 준비하는 것이다. 그리고 하고 싶은 충고(고기)를 칭찬 사이에 잘 넣어서 말해 주는 것이다.

그러면 그 수다쟁이를 위한 두 개의 칭찬을 준비해 보자.

마음에 안 들고 우리를 힘들게 하는 사람을 위해 칭찬을 준비하는 것은 결코 쉬운 일은 아니다. 먼저 기도로 그 사람을 사랑하는 마음을 구하고, 시간을 가지고 그 사람의 좋은 점을 객관적으로 생각하며 종이에 구체적으로 적어 본다. 칭찬은 구체적으로 하고, 충고는 대안을 주면서 하여야 한다. 더 확실한 방법은 그 대안을 본인이 찾도록 질문해 보는 것이다.

"모임마다 많은 것을 나누어 주시고, 늘 모임에 활력을 주셔서 정말 감사해요."(칭찬 1)

"그런데 다른 분들은 영 나누지를 못하시는 것 같아요. 다른 분들이 참여하도록 하려면 어떻게 하는 것이 좋을까요?(문제 제시와 대안 질문) 다른 분들도 참여할 수 있도록 좀 도와주세요."(간접적 충고와 명령이 아닌 부탁)

"항상 마음이 열려 있어서 꾸밈없이 잘 나눠 주시는 것 같아요. 저희들이 배울 점이 많은 것 같습니다."(칭찬 2)

하지만 이 좋은 방법을 쓸 수 없는 경우가 있는데, 그것은 아무리 생각해도 칭찬거리가 생각나지 않을 경우이다.

그 사람을 생각하면 고기밖에 생각이 안 나는 경우는 어떻게 하면 좋을까? 세미나 때 가끔 참석자들에게 질문을 하면 "그럴 때는 고기를 갈아서 줍니다"라는 대답을 듣는다.

누구든지 잘 살펴보면 장점이 없는 사람은 없다. 장점이 안 보인다는 것은 그 사람을 향한 감정이 나쁘다는 의미인데, 그럴 경우는 충고를 포기해야 한다. 특히 아이들이나 배우자를 향해서는 생각하고 기도할 여유를 가지지도 않은 채 바로 고기를 총탄으로 넣은 기관포를 막 쏘아 댄다. 배우자와 아이들이 그 고기들을 어떻게 소화할까? 생각해 보자. 소화하지 못할 것이다. 사랑의 마음 없이 하는 충고는 정죄가 되기 때문이다.

"빵이 생각날 때까지 기다립니다"라는 대답도 듣는다. 이런 분에게는 상품을 준다. 마음이 많이 상해 있을 때는 그분을 위해, 또 자신을 위해 기도하며 그분을 이해하고 사랑하는 마음이 생길 때까지 기다려야 한다.

우리의 리더 되신 예수님을 보자.

요한복음 4장을 보면 예수님이 사마리아 이방 땅에서, 결혼을 다섯 번이나 하여 사람들의 정죄와 질시 속에 불행하게 살아가는 한 여인을 만나는 이야기가 나온다.

예수님이 "남편을 불러오라"고 하자, 그 여인은 남편이 없다고 했다. 우리 같으면 다 알고 물어 봤을 때 이런 반응이 나오면 당연히 화를 내게 된다. 특히 가족일 경우는 바로 화살을 쏜다. 그런데 예수님의 반응은 상상을 초월한 것이었다.

"네가 남편이 없다 하는 말이 옳도다 너에게 남편 다섯이 있었고 지금 있는 자도 네 남편이 아니니 네 말이 참되도다"(17-18절).

두 번이나 그 여자가 한 말이 옳고 참됨을 말씀하셨다. 예수님은 그 여인을 사랑하고 이해하고자 하는 마음으로, 남편이 없다고 말할 수밖에 없는 아픔을 보셨던 것이다. 다 아시면서도 자신을 이해해 주시는 예수님을 통해 그 여인은 자존감을 회복하고 하나님과 또 사람들과의 관계성도 회복하여 그 동네 전체를 하나님께 인도하는 전도자의 역할을 하게 되었다.

칭찬은 사랑의 가장 큰 표현이고, 칭찬은 찾아서 해야 한다고 한다. 칭찬과 함께 주는 사랑의 충고는 맛있고 영양가 있는 샌드위치처럼 사람들을 회복시키고 변화시킬 것이다.

🔷 발견의 도구 8
물 같은 영향력

정결하게 하는 물

우리는 사람들을 정결하게 할 수도 있고, 그렇지 못하게 할 수도 있다. 가장 흔한 일로 다른 사람들이 그 자리에 없는 어떤 특정 인물에 대해 비판과 정죄를 하고 있을 때, 그 사람들과의 관계와 분위기를 위해 그들과 동의하고 조금이라도 얘기를 거들게 되면, 그들은 언제든지 우리를 만나면 다른 사람들을 정죄하는 말과 비판하는 말을 자유롭게 하게 된다. 그렇지만 그들의 대화에 함께 들어가지 않고, 그것이 사실이 아닐 수 있음을 얘기해 주며 어느 경우에도 다른 사람에 대한 험담을 하지 않는다면, 우리는 반대로 그 사람들을 정결하게 할 수 있게 된다. 왜냐면 인도자의 반응은 그들의 삶에 엄청난 영향력을 주기 때문이다.

편안하게 하는 물

하루 종일 힘든 업무에 지친 날이라도 따뜻한 물에 몸을 담그면 영혼까지 편안해지는 듯한 안식을 누리게 된다. 아무리 경건하고 신앙심이 돈독한 리더라도 함께 있기 불편한 리더는 사람들을 이끌 수가 없다. 어떤 사람은 만날 때마다 밥도 사 주고 선물도 주고 하는데도 불편해서 만나기 싫은 사람이 있고, 어떤 사람들은 늘 뭔가를 보태 줘야 하는데도 만나고 싶은 사람이 있다. 자기가 하고 싶은 얘기를 마냥 늘어놓느라 다른 사람의 말은 들어 주지도 않는 사람, 자기 생각으로 다른 사람을 지배하려는 사람, 큰 소리로 변화해야 한다고 협박하고 명령하는 리더는 함께하고 싶지 않다. 아무도 그런 사람에게 길을 안내해 달라고 부탁하지 않을 것이다. 따뜻한 물 같은 사람이 되자. 지친 몸을 담갔을 때 쉼과 위로를 주는 사람이 되자.

생명을 주는 물

흐르는 물은 살리는 물이지만, 고인 물은 죽이는 물이다. 산골짝 깊은 곳의 개울물도 바다로 흘러 들어가는 물은 가는 길 곳곳마다 나무와 풀과 꽃들을 살리며 흘러간다. 하지만 이리저리 막혀서 고여 있는 물은 시간이 지날수록 그 독기가 더욱 심해져서 그 물을 가까이하는 모든 생명체들이 병들고 죽어 가는 상황이 된다.

우리의 삶이 하나님을 향할 때 우리가 흘러가는 곳곳마다 하나님이 붙여 주시는 영혼들에게 소망과 생명을 줄 수 있지만, 스스로의 아집과 이기심으로 사방이 닫혀 있으면 우리 주위의 모든 사람들을 병들게 하고 소망을 앗아가는 존재가 될 수 있다.

스며드는 물

물은 자신의 형태를 주장하지 않는다. 자갈밭이든 수렁이든 고요히 스며들어 그곳의 목마름을 해결해 준다. 우리의 형태와 색깔을 주장하면 우리는 아무 곳에도 스며들 수 없다.

하늘 보좌를 버리시고 우리에게로 오신 하나님의 아들 예수님은 빛나고 높은 그분의 형태를 주장하지 않으셨다. 죄인의 모습으로 오셔서 죄인들의 친구가 되셨고, 죄인들을 구원하시기 위해 죄인들의 채찍질을 받으시고 죄인들에게 못 박히시어 죄인들의 구주가 되셨다.

리더는 자신의 성격과 문화와 위치와 지식과 자신에게 익숙한 삶을 주장해서는 안 된다.

우리가 스며들어야 할 세상은 우리의 모습과 너무나 다른 형태의 리더를 요구하기 때문이다.

멀리 가는 물

도종환

어떤 강물이든 처음엔 맑은 마음
가벼운 걸음으로 산골짝을 나선다.
사람 사는 세상을 향해 가는 물줄기는
그러나 세상 속을 지나면서

흐린 손으로 옆에 서는 물과도 만나야 한다.

이미 더럽혀진 물이니

썩을 대로 썩은 물과도 만나야 한다.

이 세상 그런 여러 물과 만나며

그만 거기 멈추어 버리는 물은 얼마나 많은가.

제 몸도 버리고 마음도 식은 채

길을 잃은 물들은 얼마나 많은가.

그러나 다시 제 모습으로 돌아오는 물을 보라.

흐린 것들까지 흐리지 않게 만들어 데리고 가는

물을 보라 결국 다시 맑아지며

먼 길을 가지 않는가.

때 묻은 많은 것들과 함께 섞여 흐르지만

본래의 제 심성을 다 이지러뜨리지 않으며

제 얼굴 제 마음을 잃지 않으며

멀리 가는 물이 있지 않은가.

"이 강물이 이르는 곳마다 번성하는 모든 생물이 살고 또 고기가
심히 많으리니 이 물이 흘러 들어가므로 바닷물이 되살아나겠고
이 강이 이르는 각처에 모든 것이 살 것이며" (겔 47:9).

물고기 잡는 법을 알려 주라

02

물고기 잡는 법을 가르칠 때
절대 하지 말아야 하는 일은 포기다.

"If you give him a fish, you feed him for a day,

but if you teach him how to fish, you feed him for a lifetime."

(어떤 사람에게 한 마리의 고기를 먹이면 그 사람을 하루만 먹이는 것이지만,

고기 잡는 법을 가르치면 평생을 먹이는 것이다.)

- 《탈무드》

스스로 일어서도록 지켜보기

아이들이 어렸을 때, 아침마다 아이들을 데리고 집 앞 공원에 나갔다. 겨우 걸음마를 시작한 아이들을 데리고 젊은 엄마들이 놀이터에 모이면 여러 가지 얘기들로 시간 가는 줄을 모른다. 매일 놀이터에서 보낸 이 시간은 내게 몰랐던 사실을 배울 수 있는 기회가 되었다.

그 중에 가장 기억에 남는 일은 아이들이 놀다가 넘어졌을 때, 평소

에는 너무도 상냥한 이 미국 엄마들이 아이가 아무리 울어도 얼른 쫓아가서 일으켜 주고 안아 주지 않았다는 것이다. 엄마들은 일부러 다른 데를 보거나 서로 얘기를 하고 있다가 울다 지친 아이가 혼자 일어나서 엄마에게 걸어오면 그제야 안아 주고 약을 발라 주었다. 처음에는 도무지 이해할 수가 없었다. 나는 우리 애든 남의 애든 아이들 울리는 것을 싫어했기 때문에 뭐든지 울기 전에 해결해 주고, 넘어지면 순식간에 날아가서 금방 일으켜서 안아 주었다. 어느 날 한 엄마가 내게 말했다.

"Please, do not baby her, you can nurse her when she stands up by herself(스스로 일어나면 아픈 곳을 치료하고 도와주는 일만 하세요. 혼자 일어나게 하세요)."

순간 머리를 한 대 맞은 듯 정신이 들었다. 혼자 실패를 극복하고 일어설 수 있다는 것을 이렇게 어렸을 때부터 교육하는 이 젊은 엄마들이 한없이 위대해 보였다. 엄마는 너의 어려움을 위로는 할 수 있지만 딛고 일어서는 것은 너 자신의 몫이라는 것을 미국 아이들은 어렸을 때부터 배우고 있다.

또 미국 아이들은 두 살밖에 안 된 아이도 남의 집에 오면 이리저리 뛰어다니지 않고 엄마 옆에 얌전히 앉아 있다. 그리고 필요한 것이나 원하는 것이 있으면 줄 수 있냐고 정중히 물어 본다. 너무 신기해서 어떻게 교육 하냐고 물었더니 단번에 나오는 대답이 "때린다"였다. 그리고 대화가 안 될 때는 매로 교육하지만, 다섯 살 이상이 되면 대화로 교육한다고 했다.

매도 손을 쓰지는 않고 맞아도 아프지 않을 것 같은 작은 막대기를 쓴다. 다른 사람들에게 피해를 주면 안 되고, 실례가 되는 것이 무엇이며, 무엇이 잘못하는 행동인지만 인식시켜 줄 수 있는 매였다.

신세대는 모르겠지만, 예전 우리나라 부모들은 늘 그 반대였다. 어릴 때는 울기도 전에 뭐든 다 해 주고, 넘어지면 금방 일으켜 주고, 계속 안고 다니며 무슨 짓을 해도 예쁘다고 하다가, 말로 해야 할 나이가 되어 말을 안 들으면 갑자기 매를 때리기 시작한다. 인성은 이미 3세 이전에 다 개발되기 때문에 아무리 때려도 이미 늦은 시기인데도 말이다. 속으로 '미국 애들이니까 그럴 것이다'라고 생각도 해보았다. 그러나 그것이 잘못된 생각이라는 것이 밝혀졌다.

어느 추수감사절에 시부모님이 미국으로 입양되어 온 한인 아이들 40명을 그 부모들과 함께 저녁 식사에 초대하셨다. 우리나라를 대신해서 그 부모들에게 고마움을 표하고 싶으셨기 때문이다. 갓난아이들부터 두 살, 세 살로 시작하여 열 살 정도까지 아주 어린 아이들이었다. 보통 한국 교회에 나오는 그 정도 나이 또래의 아이들 사십여 명을 모아 두면 집안이 남아나지 않을 것으로 예상하게 된다. 어느 정도 그럴 것이라 기대도 하고 있었다.

그러나 너무도 신기하게 집 안은 저녁 식사 처음부터 다들 돌아갈 시간까지 고요하고 질서 있는 분위기였다. 같은 한국 아이들이지만 어린아이들이 남의 집에 와서 돌아다니지도 않고, 시끄럽게 떠들지도 않고 얼마나 점잖고 예의 바른지 그저 놀라울 따름이었다.

그 중에는 의사나 교수들같이 안정된 부모들도 있었지만, 트럭 운전을 하며 자신들이 낳은 아이들도 많아서 힘들게 살아가는 사람들도 있었다. 우리의 아이들을 입양하여 그렇게 훌륭하게 잘 키워 주고 있

보석을 캐는 리더

는 그분들이 얼마나 고마웠는지 모른다.

인종이 아니라 교육 방법의 차이인 것이 확실히 밝혀졌다. 스스로 자신을 돌보고, 다른 이들에게 피해를 주지 않아야 함을 기저귀를 차고 있을 때부터 교육하는 미국의 가정교육법을 지금도 잊을 수가 없다.

그러나 모든 미국 가정이 다 그렇지는 않다. 그러나 내가 아이들을 키우며 만났던 그 가정들은 하나님을 경외하는 경건하고 깨끗한 가정들이었다. 저녁 식사는 늘 가족들과 함께 하고, 식사 후에는 함께 말씀을 묵상하고, 그날 하루를 감사하며 내일을 위한 기도를 함께 드리는 가정이 많이 있다. 이런 가정들이 결국은 미국의 숨은 저력이 아닐까 생각한다.

주입은 발견의 걸림돌

문과를 공부하고 싶었는데, 여러 가지 사연으로 수학과 컴퓨터를 전공하던 대학시절, 학년이 높아질수록 점점 더 우수해지는 미국 아이들의 수학 실력이 신기하게 느껴졌다. 고등학교 때와 대학교 초반에는 수학 실력에서 단연 동양 아이들이 우수하다. 그런데 모든 공식을 증명하기 시작하고 풀어서 발표하기 시작하는 졸업반이나 대학원 과정으로 갈수록, 공식을 그냥 외워서 푸는 데 익숙한 동양 학생들은 고전을 면치 못하고, 미국이나 프랑스계 학생들은 월등해진다. 무조건 주입으로 공식을 외워 온 학생들과 그 공식이 성립되는 이유를 정확히 이해하고 공부해 온 학생들과의 결과적인 차이를 눈으로 볼 수 있었다.

스피드가 가장 중요하며 빨리 답을 구하고, 얼른 외워서 시험보고, 울기 전에 빨리 숟가락으로 먹여 주는 교육 방법은 창조적인 발견자로 세워 가는 데 걸림돌밖에 되지 않는다.

어느 교회에서 소그룹 리더 훈련을 하며 '좋은 질문 만들기' 강의를 하고 있을 때였다. 어떤 분이 손을 들더니 "우리 교회에는 이런 훈련이 필요하지 않습니다. 소그룹을 인도하시는 장로님들이 믿음은 그저 꾹 꾹 믿는 것이지 질문하고 그러는 거 아니라고 하시거든요"라고 말씀하시는 게 아닌가. 그 자리에는 장로님들이 모두 계셨는데, 가끔 그때 일을 생각하면 손을 들고 말씀하시던 그분의 안부가 궁금해진다.

사람들은 모두 자기가 잘 아는 것을 가장 잘 할 수 있다. 잘 모르면서 무조건 주입당하고 암기하여 하는 일은 한계가 있다. 끊임없이 질문하고 발견하여 잘 알게 된 일은 아무리 힘들고 어려운 일이라도 잘 할 수 있고, 다른 이들에게도 전수할 수 있다.

포기는 금물!

넘어져서 울더라도, 숟가락을 떨어뜨리고 밥을 흘리며 먹더라도 스스로 할 수 있도록 교육해야 한다. 그것이 그들을 평생 살리는 방법이다.

물고기 잡는 법을 가르칠 때 절대 하지 말아야 하는 일이 있다면 그것은 포기이다. 성경은 처음부터 끝까지 포기하지 않으시는 하나님의 인내와 사랑을 보여 주고 있다.

순종하지 않음에 분노하셔서 그때마다 벼락을 내리시고, 다른 사람에게 맡기시고, 다른 방법으로 해보시다가 조금 안 되는 것 같으면 금

보석을 캐는 리더

방 다른 방법으로 바꾸시고 하셨다면 모세도, 이스라엘 민족도, 요나도, 니느웨도 하나님께로 돌아올 수 없었다.

1996년 지금 맡고 있는 사역의 전 대표이신 이명숙 권사님을 만났다. 당시 섬기고 있던 교회의 소그룹 리더 훈련 강사님으로 오셨고, 나는 그 훈련 세미나의 코디네이터 책임을 맡고 있었다. 여러 가지로 부족한 점이 많았는데도 잘 했다고 칭찬해 주셨다.

행사가 다 끝나고 집에 오셔서 식사도 하시고 우리 가족을 다 만나신 후, 사역에 동참하지 않겠느냐고 조심스럽게 물으셨다. 어린아이들을 기르면서 교회의 청년부, 대학부, 유년부 사역을 하는 것만으로도 너무 벅찬 상황이라 그 엄청난 사역에 동참하는 것은 상상할 수도 없었다. 기질상 아무리 좋은 일이라도 내가 잘 할 수 있을 거라는 확신이 없으면 일단 시작할 수 없었다. 그런 나를 포기하지 않으시고 권사님은 계속 편지와 전화로 격려하시고 힘을 주셨다.

셋째 아이를 잃은 아픔을 겪으면서 몸도 마음도 너무 많이 지쳐 있을 때도 멀리 계셨지만 안아 주시는 따뜻한 팔이 되어 주셨다. 권사님도 자신의 아이를 잃으셨던 경험을 나누어 주시며 함께 울어 주셨고, 나의 슬픔을 나누어 주셨다. 그 후 포기하고 싶었던 우울증을 거칠 때도 기다려 주시며, 일어나야 한다고 일으켜 주신 하나님의 음성이 되어 주셨다. 돌아보면 수많은 분과 함께 사역하시던 분이 왜 나같이 부족한 사람을, 아무도 알지 못하는 시골에서 살고 있던 사람을 포기하지 않으시고 그렇게 오랜 시간을 기다리시며 결국 이렇게 사역할 수 있도록 세워 주셨는지 이해할 수 없는 일이다.

권사님을 비롯하여 다섯 목사님의 추천으로 1998년부터 CRC 교단의 소그룹 사역 리더 훈련 워크숍 강사가 되었다. 처음 세미나를 하던 날, 그 떨리던 순간에도 권사님은 맨 앞에 앉으셔서 환한 미소로 격려하며 경청해 주셨다. 숱한 실수와 부족함을 늘 덮어 주시고, 작은 일에도 마음 다해 칭찬해 주시며 사역을 위해 온갖 궂은일들을 솔선해서 뒤에서 다 해 주셨고, 지금도 그림자같이 힘이 되어 주고 계신다.

고등학교 때 이민 와서 한국말도 영어도 자신이 없는 내게 두 가지 언어로 대상에 따라 강의를 달리해야 한다는 것은 무척 두려운 일이었다. 강의를 들으실 때마다 너무 잘 한다고 박수 치며 칭찬해 주시는 권사님의 격려가 얼마나 힘이 되었는지 모른다. 어디를 가도 기도로 동행해 주시고, 나를 소개해야 할 자리가 주어지면 당신이 동원할 수 있는 최고의 언어로 칭찬하시며 세워 주신다.

벌써 대표가 된 지 수 년이 지났다. 부족하고 연약한 사람을 시골구석에서 발견해 주시고, 포기하지 않고 연약한 손을 잡아 이끌어 주신 권사님은 진정한 멘토의 모범을 보여 주신, 내게 고기잡이를 가르쳐 주신 영적 리더시다.

많은 목사님들이 리더십 교체가 이렇게 아름답게 이루어진 사례가 드물다고 말씀하신다. 순전히 권사님의 공로이다. 나는 그저 이해할 수 없는 사랑을 받고 사는 행복한 사람이다.

스스로 하기는 항상 시작이 가장 어렵다. 처음에는 고기가 아니라 미역을 잡아 올릴 수도 있다. 힘들다고 징징대며 밥숟가락을 계속 떨어뜨리고 사방에 다 묻히며 먹을 수도 있다. 그래도 스스로 할 수 있도록 기다리며 함께 있어 주면서 계속 잘 할 수 있다고 격려해 주면, 평범하고 연약한 사람도 비범한 일을 하며 살아가게 된다.

보석을 캐는 리더

죽어 가는 펠리컨, 살리는 펠리컨

로스앤젤레스에서 1번 도로를 따라 일곱 시간 정도 북쪽으로 달리면 몬터레이(Monteray)라는 아름다운 도시를 만난다. 17마일 골프 코스로 더 알려진 곳인데, 이 도시가 한때는 '펠리컨의 천국'으로 불렸다. 다른 곳과 달리, 이 마을의 어부들은 고기를 잡으면 잔챙이들을 펠리컨들에게 던져 주어서 이 마을의 펠리컨들은 고기를 잡으러 다니지 않고도 배불리 먹고 살 수 있었다고 한다. 그렇게 많은 세월이 흐르면서 펠리컨들의 수가 빠르게 늘어 그야말로 펠리컨들에게는 천국과 같은 곳이 되었다.

그러던 어느 날, 어부들이 잔챙이로 통조림을 만들어 팔기로 결정하면서 펠리컨들은 하루아침에 생계가 끊어져 버렸다. 그러나 이제 훨훨 날아다니며 스스로 고기를 잡으려니 생각했던 어부들의 기대와는 달리, 너무 오랫동안 받아먹고 사는 데 익숙해진 이 펠리컨들은 자신에게 고기 잡는 기술이 있다는 것을 잊어버린 채 한 마리, 두 마리 굶어 죽기 시작했다.

예상치 못한 상황에 당황한 어부들이 대책 회의를 열었다고 한다. 그리고 샌디에이고 지역에서 펠리컨다운 펠리컨, 즉 스스로 고기를 잡을 줄 아는 펠리컨들을 몇 십 마리 그 마을로 이주시키기로 결정했다.

어부들의 대책은 성공적이었다. 샌디에이고 펠리컨들은 그 마을에 오자마자 온 바다를 날아다니며 고기를 잡아먹기 시작했다. 죽어 가던 몬터레이 마을의 펠리컨들은 자기들과 같은 것들이 하늘을 날 수도 있고 물속의 고기를 잡을 수도 있다는 것이 너무 신기해서 바라보다가, 한 마리 두 마리 따라 해보기 시작하더니 곧 죽어 가던 모든 펠리컨이 날아다니며 고기를 잡아먹고 살아났다고 한다.

이 사실을 처음 들었을 때는 아무리 실화라고 해도 옛날이야기처럼 생각되었다. 그러나 생각할수록 심오한 발견을 주는 놀라운 사건이었다.

얼마나 많은 리더들이 고기 잡는 법보다는 입에 고기를 넣어 주는 일을 하고 있는가? 문화가 발달하여 더 빠르게, 더 쉽게 필요를 채워야 하는 세상이라 리더들도 사람들의 요구를 빨리 만족시켜 주기 위해 그들이 원하는 것을 빨리, 쉽게 입에 넣어 주려 애쓸 수밖에 없을 것이다.

입속으로 던져지던 잔챙이가 갑자기 사라지자 죽어 가기 시작한 펠리컨들처럼, 받아먹기에만 익숙한 사람들은 위기가 왔을 때 스스로 살아 나갈 수가 없다. 그 사람들이 죽어 갈 때 무엇이 그들을 살릴 수 있을까?

많은 경우 다시 입에 먹이를 넣어 주는 곳을 찾아서 정처 없이 날아간다. 자신들 속에 스스로 먹이를 찾을 수 있는 능력이 있음을 발견할 수 있을 때까지, 그들은 누군가가 던져 줄 먹이를 찾는 데만 급급할 것이다.

이들을 위하여 날아와 주고 다시 고기 잡는 법을 삶을 통해서 보여 주고 발견하게 해 줄 수 있는 샌디에이고 펠리컨들이 수없이 일어나 주기를 소망하며 기도한다.

인격 형성을 위한
자기 발견을 도우라

03

말씀을 통해 스스로 진리를 발견하며 믿게 되는 것,
그것이 성숙이다.

아이들이나, 하나님이 우리에게 맡겨 주신 사람들을 양육하다 보면
인격 형성에 중요한 부분을 스스로 꼭 발견할 수 있도록 도와야 할 때
가 온다. 많은 경우 기대하지 않았을 때 그런 시간이 찾아오고 어떻게
대처해야 할지 당황스럽기만 하다.

자주 받게 되는 질문들 중에 가장 많이 받는 질문 몇 개에 대해 본인
의 개인적인 사례들을 통하여 드린 답들을 소개하고 싶다.

자존감 발견

"엄마! 나도 나랑 같이 생긴 아이들이 있는 곳에서 살고 싶어요."

올해 대학에 들어가는 큰딸 애리가 초등학교 2학년 때 맑은 눈에
눈물을 가득 담고 하던 말이 지금도 귀에 생생하게 들리는 것 같다.

외국 땅에서 다르게 생긴 사람들 틈에서 사춘기를 보내며 시작된

우리 세 남매의 힘들었던 시간과, 선택의 여지없이 자신의 모습과 다르게 생긴 사람들 속에서 살아가야 하는 우리 자녀들의 어려움을 보아 왔기에 초등학교 때부터 조기유학을 보내는 한국의 교육 실정이 이해하기도 어렵고 그저 안타깝게 여겨진다.

생긴 모습 외에는 자신이 미국 아이들과 다르다는 것을 느끼지 못했던 애리는 처음으로 아이들에게 놀림을 당했을 때 큰 충격을 받았다.

"Chinese, Japanese, dirtyness…(중국인, 일본인, 더러운…)."

한인이 드문 동네에서 살다 보니 그 학년에서 애리가 유일한 동양 아이였다. 밝고 명랑하고 자신감을 타고난 듯 씩씩한 애리는 막상 아이들이 놀렸을 때는 당당히 대처했다고 한다.

"I am not Chinese. I am not Japanese. I am a Korean American, and I speak better English than you do(난 중국인도, 일본인도 아니야. 난 한국계 미국인이고 너보다 영어 더 잘 해)."

자기가 얼마나 용감하게 아이들을 혼내 주었는지 자랑하던 애리는 그날부터 고열에 시달리더니 약도 주사도 효험이 없어 열하루 동안 고열 때문에 학교를 갈 수가 없었다. 알고 보니 그날 있었던 일뿐만이 아니고 오랫동안 애리를 괴롭혀 온 아이들이 있었다.

애리와 함께 1, 2등을 번갈아 하던 백인 여자 아이가 아이들을 협박해서 애리를 학교에서 고립시켜 왔던 사건이 애리 친구가 학교에 말하면서 드러나게 되었다. 학교에서는 죄질이 나쁘다며 그 학생을 정학시키고, 한 번 더 이런 일이 있을 때는 퇴학시키겠다며 강력하게 대처해 주었지만, 이 소심한 엄마는 학교에 가서 선생님에게 정황을 들으면서 휴지 한 박스를 다 써 버릴 정도로 눈물을 흘렸다.

가해 학생 부모가 찾아와서 정식으로 사과를 하며 용서를 빌어서 말로는 괜찮다며 편안하게 보냈지만, 솔직히 마음으로 그들을 용납하기가 쉽지 않았다. 어린것이 엄마 걱정 시키지 않겠다고 3개월이나 혼자 그 어려움을 감당하다가 결국 열병에 걸린 것을 생각하니 가슴이 무너져서 하루라도 빨리 우리 애리를 이 못된 아이들이 있는 학교에서 전학시켜 새로운 학교로 옮기고 싶었다. 이민자인 내게도 그런 경험이 전혀 없지는 않았지만, 막상 내 아이가 그런 일을 당하니 내가 당했을 때보다 훨씬 감정적으로 극복하기가 어려웠다.

내 경우는 막 이민을 와서 영어를 잘 못했기 때문이라고 스스로 받아들였기에 어쩌면 극복이 쉬울 수 있었다. 하지만 애리는 영어도 공부도 학교에서 최고라는 것을 본인도 알고 있었기에 그 모든 정황을 인종차별(racism)로밖에 이해할 수가 없었고, 자신의 뿌리가 백인이 아니어서 이렇게 차별받을 수밖에 없다는 사실에 너무 괴로운 것 같았다. 너는 한국계 미국인(Korean-American)이라고, 한국인(Korean)은 정말 훌륭한 민족이라고 아무리 설명해 주어도 표정 없는 얼굴로 쳐다볼 뿐이었다.

더 이상 결석할 수 없을 정도로 결석을 한 애리는 이후 공부에도 의욕을 잃고, 말수도 줄고, 표정도 어두워졌다.

'이런 일이 있을 때마다 학교를 옮겨 해결해 줄 수도 없고, 그런 식으로 언제까지나 이 아이를 보호해 주는 것이 과연 최선의 길일까?'

'아이에게 어떻게 하면 한국인임을 자랑스럽게 여기도록 해 줄까?'

날마다 이 질문들을 가지고 기도하며 답을 찾았다. 자존감을 잃고 어린아이가 모든 면에서 의욕을 잃어 가는 것을 보며 그대로 앉아서 지켜볼 수만은 없었다. 자신이 얼마나 훌륭한 민족이고 하나님의 아이들인지 스스로 발견할 수 있도록 울타리가 되어 주기로 결심했다.

그 해부터 그 학교의 정식 허락을 받고 1년에 두 번씩 큰아이와 작은아이의 생일이 오면 한국의 날(Korean Day)을 열었다. 그 동안 소그룹 리더 훈련 워크숍을 100여 차례 했지만, 가장 먼저 시작한 세미나가 바로 아이들 학교에서 스스로 개최한 이 한국의 날 세미나였다.

먼저 한국관광공사에 전화를 해서 아름다운 한국 관련 포스터를 20장 가까이 구해서 학교에 전시했다. 그리고 아이들과 함께 온 식구가 예쁜 한복을 차려 입고는 대형 태극기를 구해서 태극기의 의미를 아이들에게 설명해 주고, 한국의 날씨와 역사, 문화와 전통 놀이, 한국의 발전상 등 한국에 관한 모든 것을 워크숍과 같은 형태로 질문을 받으며 진행했다.

처음에는 한국의 화장실 형편이 어떠냐, 얼마나 가난하냐, 북한이 날마다 남한을 향해 총을 쏘느냐는 등의 질문을 하던 장난꾸러기 아이들이 갈수록 진지하게 한국의 역사와 문화를 공부하기 시작했다. 하지만 무엇보다도 아이들이 좋아한 것은 불고기와 만두, 밥과 잡채 등 한국 음식으로 마련한 맛있는 점심 식사였다. 생일 케이크로 우리 아이들 생일을 축하해 주며 아이들에게 한국말로 각자의 이름을 써 주는 시간은 아이들이 식사 시간 외에 가장 기다리는 시간이었다.

그 학교 학생들만큼 한국에 대해 잘 교육받은 학생들이 아마 미국에는 없을 것이다. 우리 애리, 유리와 함께 친구들은 한국이라는 나라를 발견해 가기 시작했다. 당연히 우리 아이들의 인기는 최고였고, 아

보석을 캐는 리더

이들도 나름대로 열심히 공부해서 한국인으로서 자부심을 키워 갔다.

그 후 한국의 날을 기다리는 아이들과 선생님이 늘어나면서 이 행사는 아예 학교의 전통 행사처럼 되었다. 그러다 보니 해마다 같은 것을 가져가기가 싫어서 더 열심히 연구하고, 새로운 음식도 시도하면서 나 자신도 한국에 대해 더 많은 학습을 할 수 있었는지 모른다. 작은 아이의 생일 때는 1학년 한 남학생이 내게로 조용히 와서 자기랑 결혼해 줄 수 있느냐고 물었다. 아마 한복을 입은 내 모습이 맘에 든 모양이었다.

음악과 운동, 댄스 등 못하는 활동이 없는 다재다능한 아이로 자라난 애리는 자신이 얼마나 자랑스러운 한국계 미국인인지를 깨닫게 되었고, 이제 덩치가 자기보다 작아진 엄마를 매일 따뜻이 안아 주는 듬직한 딸이 되었다.

자존감을 발견하는 것 같은 중요한 일일수록 오랜 시간이 걸린다. 자존감 발견은 자신 안에 있는 아름다운 것들에 눈을 뜨게 한다. 자기 안에 있는 것이 얼마나 풍성하고 대단한 것들인지 하나씩 꺼내서 볼 수 있도록 해 준다. 많은 경우 자기 안에 있는 아름다운 것들을 보지 못해서 생긴 병은 그것들을 발견한 순간 씻은 듯이 사라지게 된다. 주입하기보다는 인내와 자상한 보살핌 속에서 스스로 발견하는 기쁨을 누리게 해 주는 것이 가장 효율적인 도움이 된다.

고난을 이겨 낼 힘의 발견

애리가 사춘기가 되면서 성악과 무용에 탁월한 재능을 보이며 의학과 무용을 전공하기로 결정하고 교회 생활도 열심히 잘하고 있던 어느 날, 교회 리더와 문제가 생겼다. 그러더니 교회의 영적 리더인 전도사님을 인격적으로 존경할 수 없다며 다른 교회로 가겠다고 하는 게 아닌가. 아버지가 그 교회의 시무장로이고, 엄마가 그 교회에서 어떤 일을 하고 있는지 잘 알고 있는 아이가 그런 결정을 하기까지 그 괴로움이 얼마나 컸을지는 이해가 되지만, 그 일을 허락하기는 쉽지 않았다.

기도하는 가운데 이 아이가 우리의 소유물이 아니라는 데 생각이 미쳤다. 이 아이로 인해 받은 기쁨과 함께 우리가 받아야 할 부끄러움이 있다 해도, 무엇보다도 먼저 애리 자신이 부모들게 가장 소중한 존재임을 알게 해줘야 한다고 생각했다. 그래서 이 일을 통해 하나님이 이 아이를 다루어 주실 것을 기대하며 허락하기로 했다. 그리고 애리를 주일마다 다른 교회에 데려다 주며 무거운 마음을 하나님께 의탁하고 애리도 하나님께 올려 드렸다.

6개월을 교회를 떠나 리더십 자리와 찬양 인도자의 자리에서 내려와서 하나님께 온전히 예배드리며 기도하는 가운데, 함께 예배할 수조차 없었던 그 전도사님을 이해하고 용서하는 마음을 하나님이 애리에게 주셨고, 애리는 교회를 잠시나마 떠났던 것이 옳지 않았음을 깨닫고 다시 돌아왔다. 그리고 어느 날 울먹이며 친구들 앞에서 간증하던 중 자신이 실수할 수 있도록 허락해 줘서 스스로 깨닫고 돌아올 수 있도록 해 주신 부모님께 감사하다고 했다고 한다. 그리고 가정 예배를 드릴 때 이런 말을 했다.

"앞으로는 교회에서 어떤 사람과 관계가 어려워져도 절대로 교회를 떠나지 않을 거예요. 그 사람을 용서하지 않으면 다른 교회에 가도 예배드리기가 괴로웠어요."

주일마다 애리를 다른 교회로 데려다 주고 데려오며 마음이 얼마나 힘들었는지 모른다. 부모로서 쉬운 일이 아니었고, 얼마나 잠 못 이루고 힘들어했는지 애리는 다 헤아리지 못할 수도 있지만, 그 일을 통해서 부모의 위치 때문에 무조건 따라야 하는 것보다는 하나님이 직접 그 아이에게 예배와 기도를 통해서 말씀하실 수 있는 기회가 제공되었다. 이때 만들어진 애리의 영적 근육은 같은 유혹이 찾아올 때 대처할 수 있는 평생의 재산이 될 것이다.

잘못된 선택을 하는 것을 지켜봐 주는 것은 많은 인내심과 밤잠을 설치는 기도를 요한다. 그러나 그러는 가운데 어느 때보다도 많은 사랑이 표현되면, 아이들은 멀리 가지 않고 곧 돌이키게 된다. 아이들이 부모에게 기쁨을 주기 위하여 선한 것을 선택하기보다 하나님이 기뻐하시기 때문에 그 길을 선택해야 함을 발견하고 스스로 하나님 앞에서 예배할 수 있도록 도와주고 환경을 이끌어 주어야 한다. 그래야 부모가 곁에 없을 때에도, 하나님 앞에서 지혜로운 선택을 위해서 기도하는 사람이 될 수 있다.

"Let your child make as many mistakes as possible when the price tag is affordable(커서 정말 큰 실수를 하지 않도록 어릴 때 많은 실수를 통해서 스스로 배우게 해야 한다)." 누구나 이런 시간들을 통해서 영적 근육이 붙어 단단해지고, 면역이 강해지고 튼튼해지기 때문이다.

실수를 허용할 때 우리가 붙들 수 있는 것은 우리보다 더 이 아이를 사랑하시는 하나님이다.

그리고 하나님은 진심으로 하나님 앞에서 예배하는 자들에게 회복과 지혜를 주심을 믿어야 한다. 상대가 아이이든 우리가 돌봐야 하는 어른이든 그들이 잘못되지 않도록 사방을 막고 서 있는 파수꾼이 되기보다는, 잘못을 하는 그 순간에도 떠나지 않고 옆에 있어 주며 넘어지더라도 아주 자빠지지 않도록 팔을 잡아 주고 기도와 사랑으로 함께해 주면, 강함과 겸손함으로 든든해진 근육으로 그들은 다른 사람들을 부축할 수 있게 될 것이다.

기도

라빈드라나트 타고르

위험으로부터 벗어나게 해 달라고 기도하지 말고
위험에 처해도 두려워하지 않게 해 달라고 기도하게 하소서.
고통을 멎게 해 달라고 기도하지 말고
고통을 이겨 낼 가슴을 달라고 기도하게 하소서.
생의 싸움터에서 함께 싸울
동료를 보내 달라고 기도하는 대신
스스로 힘을 갖게 해 달라고 기도하게 하소서.
두려움 속에서 구원을 갈망하기보다는
스스로 자유를 찾는 인내심을 달라고 기도하게 하소서.
내 자신의 성공에서만 하나님의 자비를 느끼는
겁쟁이가 되지 않도록 하시고
나의 실패에서도 하나님의 손길을 느끼게 하소서.

"질서와 권위를 존중해야 하는 이유를 발견하게 해 주려면 어떻게

해야 하나요?"라고 질문해 온 분들도 계시다. 그에 답변이 될 만한 일이 우리 집에서 일어났었다.

작은아이 유리의 초등학교 시절은 모범생인 첫아이와는 또 달랐다. 1학년 때는 거의 날마다 아이의 행동에 문제가 있다고 학교에서 편지가 왔다.

주입하지 않고 너무 자유롭게 스스로 선택하며 학습하도록 기른 까닭인지 이유 없는 통제와 일률적인 행동 지시를 따를 수가 없었던 것 같다. 정년을 1년 남긴 할머님 선생님은 수업 시간마다 모든 학생이 자기 눈을 쳐다보며, 본인이 말하면 모든 일을 중단하고 자기의 지시에 따를 것을 요구했다. 보통 동양 아이들은 그런 선생님에게 큰 문제를 주지 않는데 유리는 예외였다. 눈을 똑바로 보고 있지 않아도 선생님 얘기를 다 들을 수 있는데, 왜 모든 사람에게 똑같은 일을 같은 시간에 하라고 강요하느냐고 이 조그만 아이는 자기가 반발하는 이유까지 잘 설명해 가며 선생님의 속을 뒤집어 놓았다. 아이 아빠는 이런 유리가 할머니를 그대로 닮았다고 했다. 어머님이 아시면 화내실 것 같지만 어느 정도 사실인 것 같다.

집에 돌아오는 유리에게 학교에서 어땠냐고 물으면 선생님이 하루 종일 자기 이름만 큰소리로 "유리! 유리!" 불렀다고 했다. 칭찬만 받던 애리를 보아 온 내게 유리의 학교생활은 무척 당황스러웠는데, 이는 나를 겸손하게 하시는 하나님의 손길이었다.

겉모습은 말도 없고 얌전하고 순하게 생긴 아이가 모든 곳을 담을 넘어 다니고, 공작 시간에 입술을 가위로 자르기도 하고 키가 작은 아이가 가장 높은 놀이 기구까지 올라갔다가 떨어져서 이틀을 연달아 응

급실에 가기도 하고, 수업 시간에 갑자기 사라지는 등 친척들이 날마다 안부를 확인해야 하는 시한폭탄이었다.

그러던 어느 날, 내게 멘토와 같은 미국 친구가 있었는데 '모델링'에 대해서 함께 얘기를 나누다가 유리 얘기를 했더니 그 아이에게 엄마로서 어떤 모범을 보여 줄 수 있겠는지 생각해 보라고 했다. "본 대로 한다"는 옛말도 있지 않은가? 그래서 내가 보여 주기로 결심했다.

거의 매일 유리와 함께 학교에 가서 보조 교사처럼 선생님을 돕는 나날이 시작되었다. 유리는 일부러 선생님을 골탕 먹이는 아이가 아니었기 때문에 엄마가 있다고 해서 결코 달라지는 것은 없었지만, 엄마가 선생님을 존중하고 학교의 규칙을 잘 따르는 모습을 보여 주고 싶었다. 선생님이라는 리더십에 잘 따르고 순종하는 것이 옳은 일임을 매 순간 일어나는 상황에서 보여 주었다. 유리는 조금씩 달라졌다.

그리고 어느 날 가정 예배를 드리면서, 아담이 하나님께 거역하던 부분을 함께 묵상할 때 새롭게 깨닫게 된 사실이 있냐고 질문하자, 유리는 자신의 모습이 아담이 순종하지 않을 때 모습과 같은 것 같다고 했다. 조그만 아이가 너무 심오한 표정으로 새롭게 발견한 자신을 고백하는 모습에 우리 가족은 웃을 수밖에 없었지만, 유리는 이 말씀에서 깊은 감동을 받은 것 같았다.

그리고 그 또래 아이들과 요한복음을 커피 브레이크에서 함께 공부하며 예수님의 삶을 통해 인격적인 삶에 대해 배우기 시작했다. 예전에는 기도를 할 때 "Dear Jesus! Thank you(사랑하는 예수님! 감사해요)." 정도였는데, 발견학습으로 요한복음을 공부하고부터는 "생명의 떡이신 주님, 저도 주님처럼 세상의 빛이 되게 해 주세요"라는 기도를 드리

보석을 캐는 리더

기 시작했다. 인도자로 사랑과 수고를 아끼지 않으신 일라이자 양(Eliza
Yang) 선생님께 진심으로 감사를 드린다.

말씀 공부와 함께 행동이 조금씩 차분해지기 시작한 유리는 2학년
때부터는 성적표에 가장 모범적인 아이라는 평가를 들었다.

5학년이 된 어느 날, 그 학교의 문제아였던 흑인 여학생이 지워지
지도 않는 크레용으로 학교 아스팔트 길에 낙서를 하고 있었다. 지나
가던 유리에게 너도 한번 해보라고 크레용을 내밀고 유리가 "뭔데?" 하
며 받아 쥐던 순간 선생님에게 발각되었다.

그 아이가 걸린 것은 놀라운 일이 아니었는데 모범생이었던 유리가
그런 일을 했다는 것은 선생님들에게 충격이었다고 한다. 일주일간 노
는 시간마다 학교에 다니면서 휴지를 주워야 한다는 벌칙이 주어졌다.
첫날은 너무 창피하다고 집에 와서 하염없이 울었다. 속으로는 무척
안됐고, 내가 대신 가서 벌 받고 학교에 돈을 주어 크레용을 지워 주겠
다고 하고 싶었다. 하지만 유리에게는 감정을 빼고 질문했다.

"유리가 어떻게 하는 것이 가장 옳은 행동인 것 같아? 엄마는 유리
의 결정을 존중한다."

내게도 무척 길게 느껴진 일주일이 지나고 학교에 갔다. 유리가 한
것은 아니지만, 그래도 크레용을 지워 주는 값을 내주고 싶었다. 나를
보자 학교 선생님 몇 분이 반색을 하며 달려왔다. 벌을 이행해야 하는
첫날부터 그 흑인 여학생은 나타나지 않았는데, 유리는 그 사실을 학
교에 말하지 않고 휴지통 2개를 들고 날마다 하루에 두 번씩 온 학교를
다니며 휴지를 주어 왔다고 한다. 나중에 그 흑인 학생이 자백해서 그
사실을 알게 된 선생님들이 유리에게 이제 그만하라고 해도 일주일을

꼬박 다 채우고 "처음에는 창피했는데 점점 재미있어진다"고 대답하며 끝까지 다 해냈다고 얼마나 칭찬을 하시는지 속도 상했지만 정말 자랑스러웠다.

자기가 이해할 수 없으면 아무리 선생님이라도 순종할 수 없다고 외치던 1학년 때를 생각하면, 억울하지만 학교의 질서를 존중하고 의리까지 지키는 유리의 변화된 모습이 너무 놀랍고 그저 감사할 뿐이었다.

영적으로, 또 사회적으로 어느 단체에서든 질서를 존중하는 것은 너무도 중요한 일이지만, 사실 이것은 많은 사람이 힘들어하고 있는 부분이다. 특히 리더십이 존중받을 수 없는 모습으로 보일 때 더욱 그렇다. 코스타에서 만난 학생들도 이 부분에서 힘들어하는 경우가 많았다. 이런 상황에서 그 상대를 도울 수 있는 가장 좋은 길은 모든 질서와 권위를 존중하는 모습을 삶을 통해서 보여 주는 것이다. 피상적인 충고나 협박보다는 말씀 속에서 스스로 발견하도록 도움이 되는 말씀을 함께 묵상하며 하나님이 말씀하시도록 기회를 드리는 것도 병행할 수 있는 좋은 방법이다.

스스로 깨닫게 된 진리는 강요하지 않아도 믿게 되는 효과를 활용하며, 말씀 앞에서 묵상할 수 있는 질문들로 계속 안내해야 한다. 그리고 무엇보다 중요한 것은 그 사람의 연약한 부분을 위해 늘 함께 기도하는 것이다.

미국에서 아이들을 키우면서 가장 어려운 일은 자존감을 확실하게 정립해 주는 일이다. 언어와 문화 두 영역을 한국 쪽과 미국 쪽 다 경험하고 사는 이 아이들에게 자신들의 언어와 문화를 찾아주고 당당하게

보석을 캐는 리더

살아갈 수 있도록 하는 것이다.

얼마나 많은 우리의 자녀가 피상적인 훈계와 명령에만 던져진 채, 생활에 바쁜 부모님들 뒤에서 상처와 혼란 속에 자라나며 잘못된 길로 빠져 들고 있는지 모른다.

부모들의 극성으로 명문 대학에 입학하고 나서도 자신의 정체성을 확립하지 못해 마약에 빠지거나 자살함으로써, 자신들의 삶을 통해 대리 만족을 얻으려 한 부모에게 복수하는 사례가 너무도 많다. 실로 안타까운 현실이다.

우리의 아이들이 자신의 뿌리를 발견하도록 좋은 울타리가 되어 주는 일에 피상적인 충고가 아닌, 삶으로 희생으로 도와야 하는 것이 모든 부모들을 향한 하나님의 간절한 부탁이 아닐까 생각해 본다.

여러 문화와 언어와 온갖 것들이 섞여서 사는 이 세상에서 하나님이 우리에게 맡겨 주신 가족과 사람들을 돌보고 안내하는 일도 부모의 역할과 동일하다고 생각한다. 자존감이 없는 사람은 어려움이 찾아오면 모든 면에 자신감을 잃고 일도 공부도 할 수 있는 의욕을 잃어버리게 된다. 그리고 자신이 따라야 할 리더십에 항상 반발하고 질서를 지키기를 거부하는 사람은 어느 사회에 들어가든 동일한 문제에 부딪히게 된다. 이런 사람은 자신도 힘들지만, 주위 사람들도 힘들게 하는 사람이 된다. 그렇다고 온실에 가두어 둔 채 모든 어려움을 대신 겪어 주고 막아 주면 혼자 설 수 있는 근육이 전혀 없는 사람이 되어 버린다.

죽은 고기가 마냥 물살을 따라 떠내려 밀려가듯 세상의 흐름을 따라가지 않도록 하기 위해서는 생명을 가지고 물길을 거슬러 역류할 수 있도록 해 주어야 살아 나갈 수 있다. 그 안에 예수의 생명을 심어 주고, 옛사람도 신세대 문화도 아닌 하나님 나라의 문화와 언어를 스스로 발견할 수 있도록 해 주면 그들은 생명을 가진 새로운 물고기로 변화할 것이다.

> "너희는 이 세대를 본받지 말고 오직 마음을 새롭게 함으로 변화를 받아 하나님의 선하시고 기뻐하시고 온전하신 뜻이 무엇인지 분별하도록 하라"(롬 12:2).

보석을 캐는 리더

1. 우리는 먼저 위로자의 마음을 가져야 한다. 하나님은 우리에게 하나님의 백성들을 위로하라고 부탁하신다. 그들의 고통에 동참하고 슬픔을 함께 나누며 함께 울어 주라고 하신다.

⇒ 위로할 사람은 누구고, 어떻게 위로할 것인가?

_____

_____

_____

2. 우리의 자세와 목소리는 고요하고 정다워야 한다. 하나님은 그의 백성에게 말할 때 정답게 말하라고 부탁하신다. 거룩한 목소리로 정죄하고 비판하지 말고 정답게 하나님의 백성들을 대하라고 말씀하신다.

⇒ 비판받고 있는 사람에게 어떻게 고요히 다가갈 것인가?

_____

_____

_____

3. 그들의 어려움과 고통의 시간이 지났다고 격려해야 한다. 그동안의 괴로움을 위로하고, 이제는 괜찮다고 힘을 내야 한다고 격려하라고 하신다. 지난 실수와 죄악들을 자꾸 들추어내어 괴롭게 하지 말라고 하신다. 이미 지나간 시간에 살게 하지 말고, 희망찬 앞날을 바라보게 하라고 하신다.

⇒ 어떻게 과거로부터 시선을 돌려 미래를 보게 해 줄까?

_____

_____

_____

4. 그들의 죄가 사함을 입었다는 복음을 전해야 한다. 이 세상에서 아무도 그들을 용납해 주지 않더라도 하나님이 용서의 해결책으로 주신 예수님으로 인해 우리의 죄가 용서받을 수 있다는 것을 확실하게 얘기해 주어야 한다. 죄책감은 우리를 불행의 구덩이에서 헤어 나올 수 없게 한다.

⇒ 용서의 복음을 전하고 용납해야 할 사람들을 생각해 보자.

_____

_____

_____

보석을 캐는 리더

현장의 보석들 – 사례와 발견

♦ 발견의 현장 1

소아마비 공주가 생수 배달부가 되다

"집사님! 제가 성경 공부 간 사이에 저희 집에 불이 났어요."

세 살 때 고열로 소아마비를 앓아 아홉 살까지 네발로 기어 다니셨다는 조 전도사님은 집에 불이 났다는 엄청난 사건을 웃음까지 머금은 채 담담하게 말씀하셨다.

이 소아마비 소녀를 공주처럼 사랑과 기도로 양육해 주신 부모님과 조부모님, 손과 발이 되어 준 형제들, 그리고 여러 훌륭한 영적 리더들은 이 귀한 딸을 발견해 주시고 보석같이 다듬어 주셨다.

하나님의 은혜로 치유의 역사를 경험하며 이제는 지팡이도 없이 두 다리로 걸으시게 되었지만, 아직도 걸음이 불편하시다. 그런 전도사님이 성경 공부 가신 동안 집에 화재가 났다니 도대체 뭐라고 위로를 드려야 할지, 어떻게 도움을 드려야 할지 난감해 할 말을 잃었다. 그런 내

게 전도사님은 환하고 평안한 얼굴로 말씀하셨다

"집사님, 요즘 하나님이 제게 시편 23편으로 부족함이 없는 하나님을 자꾸 묵상하게 해 주세요."

'쉴 만한 물가와 푸른 초장이 아닌 가난한 살림이 잿더미가 되어 버린 상황에서 어떻게 부족함이 없으신 하나님을 묵상할 수 있을까?'

말씀 속에서 만난 하나님의 확실하고 신실한 약속들이 이렇게 흔들리지 않는 믿음을 가질 수 있게 했으리라 생각한다.

창세기를 공부할 때 커피 브레이크에 처음 나오신 전도사님은 외롭고 힘들게 육체의 장애를 극복하며 하나님 나라를 확장하고 계셨다. 성경 발견 학습을 통하여 새로운 시각으로 말씀을 만나면서, 그녀를 지키시고 인도하시겠다는 하나님의 사랑을 발견하며 놀라운 기쁨을 누리게 되었다고 하셨다.

"야곱아 너를 창조하신 여호와께서 지금 말씀하시느니라 이스라엘아 너를 지으신 이가 말씀하시느니라 너는 두려워하지 말라 내가 너를 구속하였고 내가 너를 지명하여 불렀나니 너는 내 것이라 네가 물 가운데로 지날 때에 내가 너와 함께 할 것이라 강을 건널 때에 물이 너를 침몰하지 못할 것이며 네가 불 가운데로 지날 때에 타지도 아니할 것이요 불꽃이 너를 사르지도 못하리니 대저 나는 여호와 네 하나님이요 이스라엘의 거룩한 이요 네 구원자임이라 내가 애굽을 너의 속량물로, 구스와 스바를 너를 대신하여 주었노라"(사 43:1-3).

전도사님은 하나님의 위로와 약속을 말씀에서 받을 때마다 눈물을

보석을 캐는 리더

흘리며 어린아이같이 기뻐하셨다.

창세기가 끝나는 날, 전도사님은 그 불편한 몸으로 꽃 시장에 가셔서 장미꽃을 70송이나 들고 와 성경 공부 식구들에게 선사하셨다. 이른 새벽, 이 많은 장미를 사러 다녔을 것을 생각하며 얼마나 마음이 아팠는지 모른다. 다른 이들에게 늘 기쁨과 힘을 주시기 위해 최선을 다하는 전도사님의 숨어 있는 삶의 열매들이 위기를 맞았을 때 아름답게 나타났다.

이 사람 저 사람이 필요한 살림살이와 옷가지를 가지고 와서 화재 이전보다 살림과 옷도 더 많아졌다. 진실로 하나님은 부족함이 없으신 분이다.

창세기, 출애굽기, 에스더, 호세아, 룻, 마가복음, 요한복음, 야고보서 등을 한 권 한 권 마칠 때마다 마음에 보석들이 새겨지고, 말씀 공부는 입체적인 삶의 영양식이 된다고 기뻐하신다. 내게 있는 모든 것으로 섬기고 싶은 사랑스러운 분이지만, 늘 마음뿐이다.

"하나님이 전도사님께 모든 자원을 공급해 드린다면 무엇을 하고 싶으세요?"

부요한 하나님이 이 귀한 분의 필요를 다 채워 주시기를 기도하며 질문을 던져 보았다.

"가물어 수도를 펌프질할 때, 한 바가지의 마중물을 넣으면 수도가 펑펑 나오거든요. 말씀 공부를 통해 그 한 바가지의 물이 제 영혼에 부어지면 깊은 곳에서 생수가 솟아납니다. 저는 그 생수를 가지고 기근에 처해 있는 주위의 수도들에게 한 바가지씩 배달하여 부어 주는 예수님의 생수 배달부가 되고 싶어요."

말이 어눌하여 못한다며 거절하시는 전도사님께, 그 영혼을 사랑하는 마음을 보며 소그룹 인도를 맡겼다. 얼마나 열심히 하시는지 금방 두 그룹으로 분가가 되고, 많은 분이 그 그룹에 와서 위로와 돌보심을 받고 있다. 전도사님은 남에게 보이지 않는 숱한 장애를 가지고 살아가는 좌절한 영혼들을 위해서, 장애의 몸을 이끌고 생수를 배달하시고 계신다.

돈과 명예와 안락한 삶이 축복의 전부인 것처럼 그것들만을 구하며 살아가는 사람들 속에서 슬퍼하시고 답답해하실 하나님의 마음에 조 전도사님은 여름날의 냉수 같은 존재가 아닐까 생각한다. 배는 항구에 있을 때 가장 안전하지만 풍랑 속에서 자신의 임무를 감당해야 하는 것처럼, 하나님 나라로 안내하는 배가 되어 시련 가운데서도 지켜 주시는 하나님을 의지하며 의연히 나아가는 조 전도사님 같은 전천후 크리스천이 너무나 드문 세상이다.

그래서 그분의 모습이 더 아름답게 여겨진다. 조 전도사님께 전화를 드리면 이런 메시지가 나온다.

"세상이 줄 수도, 알 수도 없는 하나님의 사랑으로 당신을 축복합니다."

◆ 발견의 현장 2
집 나갔던 어린 딸이 아이를 낳았대요

충성스럽게 주님을 섬기는 소그룹 성경 공부 인도자 박 집사님은

보석을 캐는 리더

아직도 젊어 보이는, 모두에게 언니 같은 자상한 분이다. 조금 놀라운 사실은 학교에 다니는 자녀들뿐 아니라 벌써 손자가 있고, 그 손자보다 더 어린 두 살배기 아들을 키우고 계시다는 점이다. 오십이 다 된 나이에 하나님이 아들을 하나 더 주셔서 늦둥이를 키우시는 것은 그리 이상할 일이 아니고 축복이겠지만, 교회의 신실한 일꾼인 박 집사님이 아직도 학생 신분의 딸이 낳은 손자를 기른다는 것은 누가 들어도 충격이고 가슴 아픈 일이 아닐 수 없다.

박 집사님은 이십여 년 전에 주님을 만나 성령 체험도 하고 열심히 교회를 섬기며 살아왔다. 그런데 사춘기에 접어든 딸이 엄청난 반항을 하기 시작하며 나쁜 친구들과 어울려 못된 짓만 하고 다녔다.

엄마가 온갖 방법을 동원해서 돌이키려고 있는 힘을 다했지만 역부족이었다. 이사도 가 보고, 야단치며 때려도 보고, 달래며 설득도 하고, 기도원도 데려가 보며 알고 있는 모든 방법을 동원하여 딸을 돌이키려 했지만 딸은 더더욱 멀리 도망갔다. 박 집사님은 엄마가 찾을 수 없는 먼 곳으로 도망간 딸을 막막하고 절박하게 기다리며 하루하루를 보내고만 있었다.

성경 말씀을 새롭게, 깊이 묵상하게 하시는 하나님의 손길을 발견한 것은 벼랑 끝에 서 있는 것 같던 바로 그때였다. 하나님은 딸이 쏜 총탄으로 터져 버린 박 집사님의 심장을 말씀 묵상으로 회복시켜 주시기 시작하셨다.

"내가 그리스도와 함께 십자가에 못 박혔나니 그런즉 이제는 내가 사는 것이 아니요 오직 내 안에 그리스도께서 사시는 것이라 이제 내가 육체 가운데 사는 것은 나를 사랑하사 나를 위하여 자기 자신을 버리신 하나님의 아들을 믿는 믿음 안에서 사는 것이라"(갈 2:20).

이 말씀을 묵상하며 기도하고 있을 때, 하나님은 못 박히신 그리스도의 피가 뚝뚝 흐르는 십자가를 보여 주시며 그녀 자신도 그 십자가에 매달려 죽어야 한다고 말씀하셨다. 그제야 비로소 너무 무섭고 두려워 죽지 않겠다고 발버둥치는 자신을 볼 수 있었다. 같은 무렵, '함께 하심'이라는 말씀을 묵상하는데 주님이 박 집사님을 들어서 주님이 달리신 그 십자가에 달아 놓으실 뿐 아니라, '함께'라는 말씀으로 놀라운 은혜를 발견케 해 주셨다.

박 집사님은 자아가 채 죽지 않았던 많은 부분을 자백하며 눈물로 하나님께 엎드리셨다. '주님과 함께'라는 말씀에 영혼 깊은 곳으로부터 흘러나오는 기쁨이 있었고, '함께 계시는 주님'이 너무나 고마워서 긴 고통과 혼란의 날들을 접고 소망 가운데 평온을 얻게 되었다고 한다.

자기 자아를 온전히 드린 것처럼, 집사님은 방황하던 딸도 주님이 잡아 주시고 함께 십자가에 걸어 주셔서 믿음 안에서 살게 해 달라고 주님께 다 맡겨 드리는 기도를 드리셨다. 그 후 딸은 곧 집으로 돌아왔다.

몇 달을 잠잠히 지내던 딸이 또 얼마 동안 잠적한 어느 날, 병원으로부터 딸이 아이를 낳았다는 연락을 받았다. 하늘이 무너지고 심장이 멎는 듯한 충격이었다. 하지만 그 속에서도 그리스도와 함께 모든 인간적인 욕심과 육신의 자랑들이 이미 십자가에 죽었기 때문에 하나님의 선하심을 믿고 암담한 현실을 주님과 함께 헤쳐 나오실 수 있었다.

딸은 어머니가 되어 아이를 키우면서 어른이 되어 갔고, 말씀으로 변화를 받아 공부도 계속하면서 유아반 성경 교사와 커피 브레이크 성경 공부에서 유아를 위한 '스토리 아워' 선생님으로 주님께 영광을 돌리고 있다.

딸을 용납하고 함께 아이를 키우는 집사님은 이제는 예수님의 흔적으로 주신 손주와 딸이 얼마나 귀하고 사랑스러운지 이루 다 표현할 수 없다고 하신다. 그 이후 하나님이 위로 선물로 주신 막내아들 이삭이는 태어나자마자 삼촌이 되어서 온 가족에게 위로와 기쁨이 되고 있다.

헨리 나우웬은《춤추시는 하나님》이라는 책에서 곡예사가 자기가 잡고 있는 그네를 놓아야 상대방이 나를 잡고 반대편 그네까지 우아하게 날 수 있는 것처럼, 우리의 슬픔이 변하여 춤이 되게 하는 또 하나의 스텝은 사람이든 물건이든 명성이든 우리가 움켜쥐고 있는 것을 사랑하는 하나님께 다 내어 드리는 것이라고 했다.

내게 필요한 것을 내 손으로 움켜쥐어야 한다는 신념은 인간이 고난을 겪는 커다란 원천 중에 하나라고 한다. 하나님이 우리를 잡으시려면 우리가 잡고 있는 다른 것들을 십자가에 못 박아야 한다. 빈손으로 두 손 들어 하나님을 향하면 하나님은 우리를 잡고 춤을 추실 것이기 때문이다.

우리 아이에게는 장애가 있지만, 함께 행복해요

떠올리기만 해도 마음이 밝아지는 금주 자매는 세상에서 가장 행복한 사람이 지을 수 있는 환한 웃음과 표정을 지녔다. 세 딸 중에 두 아이가 정신지체아인 그녀는 혹시나 하는 마음으로 커피 브레이크 성경공부에 나온 후, 지금은 인도자가 되어 같은 어려움을 안고 살아가는 사람들과 함께 말씀을 공부하고 투명하게 삶을 나누고 있다. 그녀는 많은 이의 가치관과 삶의 기준을 하나님 앞에서 새롭게 조명받을 수 있도록 신선한 도전을 주며, 주위와 가족을 아름답게 섬기며 살아가는 존귀한 사람이다.

큰딸 다은이는 주의력 결핍 및 과잉 행동 장애(ADHD: Attention-Deficit Hyperactivity Disorder)이고, 둘째 다애는 유사 자폐증(PDD: Pervasive Developmental Disorder/ Autistic Disorders Spectrum)이다. 둘째가 두 살 무렵에 좀 다른 행동을 보여 짧지 않은 검사 끝에 확실한 진단을 받고 난 뒤, 특수교육을 얘기하면서 많은 장애아 부모들이 그러하듯 금주 자매도 '내가 무슨 죄를 지어 이런 벌을 받을까?', '왜 나에게만 이런 일을 주시나?', '내가 과연 이 엄청난 일을 감당할 수 있을까?' 같은 생각만 떠오르고, 도저히 받아들이고 싶지 않은 현실에 마냥 억울해서 눈물만 쏟아졌다고 한다. 그런데 언제인지 모르게 마음속에 넣어 주신 말씀이 있었다.

"하나님이 세상을 이처럼 사랑하사 독생자를 주셨으니 이는 그를 믿는 자마다 멸망하지 않고 영생을 얻게 하려 하심이라"(요 3:16).

보석을 캐는 리더

그 하나님이 계셨기에 그 사랑과 뜻하심에 의지하여 현실을 받아들일 수 있었다고 한다.

일단 받아들인 현실이지만 그래도 자기 힘으로 해보겠다고 애쓰며 버텼는데, 뒤늦게 열 살 된 큰아이마저 설마설마 하던 장애 진단을 받게 되었다. 답도 알 수 없는 숱한 질문들이 어깨를 누르고 억장이 무너져 더 이상 버틸 수 없어 주저앉았을 때, 그녀를 일으켜 세워 준 것도 하나님의 말씀이었다.

날 때부터 소경인 사람을 놓고 그것이 부모의 죄냐고 물어 보는 제자들에게 예수님이 말씀하셨다.

> "이 사람이나 그 부모의 죄로 인한 것이 아니라 그에게서 하나님이 하
> 시는 일을 나타내고자 하심이라"(요 9:3).

그 말씀은 금주 자매에게 복음이 되고 빛이 되었다. 하나님의 하시는 일을 나타내고자 이 세상에 보내 주신 아이들이라고 생각하니 그 아이들이 귀하고 복되게 여겨지기 시작한 것이다. 세상에서는 좀 불편해서 특수교육이 필요한 아이들이지만, 하나님께는 정말 완벽해서 특별 대우하시는 '특별한' 아이들이었다. 그리고 고린도전서 10장 13절의 "사람이 감당할 시험 밖에는 너희가 당한 것이 없나니 오직 하나님은 미쁘사 너희가 감당하지 못할 시험 당함을 허락하지 아니하시고 시험 당할 즈음에 또한 피할 길을 내사 너희로 능히 감당하게 하시느니라"는 말씀은 두려워하는 그녀에게 힘과 용기를 주었다.

금주 자매는 어릴 때부터 의심도 없이 하나님을 믿었지만 그저 하

늘에 계신 모두의 하나님이셨기에 더 알고 싶은 것도 궁금한 것도 없었는데, 결혼과 아내란 새로운 현실과 역할 때문에 그녀만의 하나님을 조금씩 갈망하기 시작했단다. 결국 어미로서 자식으로 인한 힘든 현실이 하나님의 말씀을 붙들게 했고, 그 말씀들은 하나님의 모든 말씀에 대한 사모함으로 이어졌으며, 그 사모함으로 인해 2001년 12월 11일 커피 브레이크를 처음 만난 날 드디어 하나님과의 새로운 관계가 시작되었다.

겨울방학 후 2002년 1월 22일, 설레는 기다림 끝에 시작한 성경 공부는 《창세기의 발견》1권 5과 '하나님의 은총'(창 5:1-6:8)이었다. 매번 성경을 좀 읽어 볼까 해서 읽기 시작했다가도 그냥 접어 버리게 했던 "누가 누구를 낳고… 낳고…"로 이어지는 아담 자손의 계보였다. '하필 또 왜 여기지?' 하며 별 기대 없이 앉아 있던 자매의 눈에 하나님으로 시작해서 아담 이후 노아와 세 아들로 끝나는 족보 밑에 자신의 이름과 세 딸의 이름이 보였다고 했다. 그날 집에 돌아가자마자 종이에 창세기 5장의 족보를 직접 그려 보며 성경에 나온 나이의 숫자들이 서로 완벽하게 맞아떨어지는 것에 마냥 신기했다고 했다. 창세기의 나머지 족보들도 나올 때마다 그려보면서, 하나님의 족보가 바로 그녀와 가족의 족보임을 깨닫게 되었고 확신하게 되었다. 그렇게 이어진 창세기 공부를 통하여 창조와 탄생과 죽음 등 모든 것이 하나님께 속하였음을, 그 하나님이 그녀의 주권자이시며 아버지이심을, 남편과 아이들 또한 그녀처럼 하나님이 사랑하시는 자녀임을, 자신은 그 아이들을 하나님 안에서 그 뜻대로 잘 돌보라고 맡기신 청지기임을, 그리고 아이들이 바로 자신을 위해 하나님이 예비하신 복의 통로임을 발견하고,

보석을 캐는 리더

지고 있던 무거운 짐을 내려놓기 시작했다. 성경 공부에서 공부한 것들을 아이들에게 질문도 하고 나누며 '참 하나님'을 함께 알아 가기 시작했단다.

말씀들을 구체적으로 공부하며, 막연하게만 알았던 하나님의 깊고 자상한 은혜와 사랑을 발견하고 만나면서, 커피 브레이크를 통해 마음에 새긴 말씀이 있었다.

"우리가 알거니와 하나님을 사랑하는 자 곧 그의 뜻대로 부르심을 입은 자들에게는 모든 것이 합력하여 선을 이루느니라"(롬 8:28).

그 말씀대로 합력하여 선을 이룰 모든 일들을 감사히 감당하게 되면서, 삶의 목적과 기쁨을 찾아갈 수 있었다. 그리고 오늘도 그녀를 위한 하나님의 창조와 사랑의 이야기를 삶에서 생생하게 경험하고 있다.

다은이와 다애 그리고 위로의 선물로 주신 막내 다희도 참으로 맑고 예쁘게 자라고 있다. 그 아이들은 세상에서 가장 밝고 부지런하고 따뜻한 엄마를 하나님으로부터 선물로 받은 복된 아이들이다. 성경 공부 모임에서도 책이 끝날 때마다 배운 것을 요약정리하여 나눠 주고, 주소록을 전산 처리하고, 소식지 발송도 도맡아 해 주는 등 온갖 힘든 일을 그림자처럼 하며 다른 이들을 섬기고, 씩씩하고 활기차게 살아 나가고 있는 그녀는 모두에게 너무도 소중하고 감사한 사람이다. 처음 그녀의 사정을 들었을 때는 막연한 슬픔이 가슴을 적셨지만, 지금은 행복하게 살아가는 그 가족들 곁에 있음이 너무 좋고, 곁에서 함께 삶을 나누며 행복을 나누며 살아갈 수 있어서 감사하게만 느껴진다. 그녀의 가족들은 얼굴에 빛이 있고 기쁨이 있다. 그녀를 도와주는 사람보다는 그녀가 도움을 주고 중보 기도를 해 주며 돌보아 주는 사람이 훨씬 많은 걸로 알고 있다.

금주 자매는 자신의 삶의 관객이 다른 사람들이 아니라 하나님이시고, 그 삶을 인도하시는 분도 하나님이심을 확신하며 살아간다.

아이들을 좋은 학교에 보내고 다른 아이들보다 우수하게 키워서 사람들 앞에서 자신들의 이름을 내고자 하는, 자신이 못한 일을 자식을 통해 이뤄 대리 만족을 얻으려는 욕심 많은 세상의 보통 부모들은 금주 자매의 삶을 보며 무슨 생각을 할 수 있을까? 세상은 알아주지 않고, 어쩌면 죄가 많아 저렇게 되었다고 딱하게 생각할지도 모르겠다. 하지만 그들은 아이들을 온전히 하나님께 드리고, 그 아이들을 감사함으로 양육하며, 하나님의 기쁨이 되어 행복하게 살아가고 있는 그녀에게 진정한 부모의 도리가 무엇인지 배워야 할 것이다. 진실로 하나님을 누리며 살아가는 그녀가 언젠가 특유의 환한 미소를 지으며 말했다.

"저는 그저 하나님이 운전하시는 차에 아이들을 태우고 안전벨트 매 주고, 필요한 것들 챙겨 주며 창밖의 아름다운 것들도 구경하고 수다도 떨고 콧노래도 부르면서 신나게 달리고 있어요! 평탄한 길도 있고 험한 길도 있지만, 하나님이 운전대 잡으셨는데 뭔 걱정이래요!!"

"두려워하지 말라 내가 너와 함께 함이라 놀라지 말라 나는 네 하나님이 됨이라 내가 너를 굳세게 하리라 참으로 너를 도와주리라 참으로 나의 의로운 오른손으로 너를 붙들리라"(사 41:10).

연약한 자의 삶 속에 발견된 하나님

나는 목사님 가정에서 2남 1녀 중 외동딸로 태어났다. 미국에서는 목사님 자녀를 PK라고 부른다. Pastor's Kid라는 말인데 사고 치는 PK들이 많아서 부정적인 뜻으로 더 많이 사용하는 것 같다. 그래서였는지 어릴 때는 누가 "너도 PK이니?"라고 물어 보면 이유 없이 화가 났다. 여느 PK들과 다를 바 없이 성도들 앞에서는 천사표 착한 소녀로 자라났지만 늘 조금은 우울했고, 하나님을 알기는 했지만 믿지는 않았다. 어릴 때부터 책 읽기를 좋아하고, 글짓기 대회만 나가면 큰 상들을 타면서 이 다음에 커서 작가가 되어 세상에 이름을 널리 내겠다는 꿈을 안고 사춘기를 지냈다.

고등학교 1학년을 마친 어느 날, 아버님이 부르시더니 "우리 가족 모두 2주 후에 미국으로 이민을 간다!"고 말씀하셨다. 마른하늘에 날벼락같이 떨어진 아버지의 선포에, 꿈도 희망도 모두 무너지는 소리가 들렸다.

이민을 오자마자 개척 교회를 시작하신 부모님은 노동도 하시고 노방전도도 하시며 부지런히 움직이셨다. 가난하고 외로운 나날이었다. 우리 3남매는 장학금을 받지 않으면 공부를 계속할 수 없는 부담 속에서 이를 악물고 공부를 했다. 쉴 수 있는 주말은 부모님을 도와 교회 일로 더 바쁜 나날을 보내야 했던 그 시절은 그저 절망스럽고 힘겨운 나날이었다.

그렇게 살고 있던 어느 날, 절박한 심정으로 열어 본 창세기 1장이 생명의 말씀이 되었다. 암흑과 혼돈과 공허 가운데 있던 세상에 빛을 주시고, 질서를 주시고, 아름다운 것들로 채워 주시는 하나님을 발견했다.

그리고 이 절망스러운 삶도 하나님이 새롭게 빚어 주시리라는 소망을 갖게 되었다. 오랫동안 알고만 있었던 하나님을 마음속 깊이 믿고 싶었다. 그 후 계속 성경 공부를 해 나가면서 하나님은 말씀을 통하여 우선순위와 세계관과 삶의 목표를 정립해 주시기 시작했다.

대학교 2학년 때, 살아 계신 하나님께 삶을 온전히 의탁하고 헌신하는 기도를 드렸다.

"하나님! 몸도 약하고, 목소리도 작고, 많은 사람이 모인 곳은 두렵고, 잘 할 수 있는 것은 없지만, 소그룹 성경 공부가 너무 좋습니다. 다른 사람들이 하나님을 말씀 가운데 인격적으로 만나는 일을 도와주고 싶습니다. 평생 소그룹 성경 공부를 하며 하나님 일에 동참하게 해 주세요."

아무도 모르게 홀로 드린 이 기도로 지난 40년을 소그룹 성경 공부 인도자로 살며, 수많은 사람들과 말씀 앞에서 하나님을 만나는 삶을 살게 해 주었다.

지난 40년 동안 경험하며 발견한 놀랍고 살아 계신 하나님은 구원받은 자녀들을 아시고 그 길을 인도하시는 하나님이다.

나의 가장 큰 죄는 불신앙이었다. 성격적으로도 모든 데이터가 갖추어져서 증명되지 않은 것들은 믿을 수가 없었다. 매주 교회에 나가면서도 성경 이야기를 옛날이야기처럼 들었고, 그 믿을 수 없는 이야기들은 내 신앙이 될 수 없었다.

하나님의 은혜로 예수님을 믿게 되고, 성경 공부와 교회 봉사로 정신없이 바쁜 나날을 보내면서도 문득문득 찾아오는 의심이 있었다.

'하나님이 정말 살아 계실까? 나를 알고나 계실까? 만약 그렇지 않다면, 이 젊은 날을 이렇게 보내는 것은 너무 허망한 일이 아닐까?'

공부해야 할 것이 너무 많았지만 가난했기 때문에 아르바이트도 했으며, 매일 아침 캠퍼스 새벽 기도회에 참석하러 깜깜한 새벽에 집을 나서고, 다섯 개의 성경 공부를 인도했고, 주말은 아버지의 개척교회를 돕느라 잠시도 쉴 틈이 없었다. 하루는 삶이 너무 피곤하고 힘들어서 이런 기도를 했다.

"하나님, 만약 당신이 살아 계시다면 제가 보게 해 주세요. 저를 아시고 저와 함께 계심을 보여 주세요."

그 기도가 얼마나 엄청난 기도였는지 그때는 몰랐다.

수학과 컴퓨터 과학 두 개의 전공을 공부하느라 그날도 컴퓨터실에서 2시까지 공부를 했다. 그날은 남가주 해안 지역에 살인적인 안개가 끼어서 운전을 하면 안 된다는 뉴스가 나왔고, 그날 그 공포의 살인 안개는 많은 사람의 목숨을 앗아 갔다. 컴퓨터실에서 프로그램 숙제를 하며 밤늦게까지 앉아 있었던 까닭에 전혀 그 뉴스를 모른 채 '안개가 좀 끼었구나' 하는 생각만 하며 고속도로로 들어섰다.

그런데 가면 갈수록 짙은 안개가 주위를 덮어 출구 표시는커녕 차선조차 보이지 않았고, 앞과 뒤는 칠흑 같은 어둠뿐이었다. 차를 정지하면 내 뒤에 오는 차가 내 차를 못 보니까 부딪힐 것이므로 대책 없이 계속 달리고 있었지만, 엄청난 두려움에 가슴이 답답해지고 핸들을 잡은 손이 부들부들 떨리기 시작했다. 시간상으로는 우리 집을 벌써 지났을 텐데, 깜깜한 연기 속에서 어디로 가는지, 언제 어느 차와 부딪힐지 모르는 상황에서 계속 달리면서 아무것도 보이지 않는 사방을 둘러보며 울고 있었다.

어떻게 기도했는지도 모르겠다. 그저 살려 달라고 했던 것 같다. 그리고 믿음 없었던 순간들을 용서해 달라고 했던 것 같다. 그렇게 울며 기도하던 중에 순간적으로 마음에 평온함이 느껴지며 하나님이 함께하신다는 확신이 들었다. 그 순간 내 앞에는 어디서 나타났는지 환한 빛이 하나 나타났다. 자전거 불빛보다는 조금 더 커 보여서 아마도 오토바이 불빛이라고 생각했다. 다른 차의 헤드라이트들은 하나도 보이지 않는 상황에서 신기하다고 여겨졌다. 그리고 이 불빛을 따라가면 살 것이라는 확신이 들었다.

한참을 따라가는데 어디서 내렸는지 고속도로에서 나와 지방도로를 한참 따라갔다. 그러자 거리의 간판들이 희미하게 보이기 시작했다. 낯익은 동네다 싶었는데, 바로 우리 집 골목길이었고 아버지가 집 앞에 서 계시는 모습이 보였다.

앞에서 인도하던 그 불빛은 아버지의 모습을 보며 기뻐하는 동안 어디론가 소리 없이 사라졌다. 그 빛이 다른 사람들에게도 보였는지 알 수 없다. 하지만 40년이 지난 지금도 내게는 그 불빛이 보인다. 그 빛은 암흑 속에서, 절망 속에서 죽음으로 달리고 있던 내게 나타나서 나를 아시고 나를 지키시는 살아 계신 하나님이심을 확인시켜 주었다.

그 후로도 혼자 힘으로는 아무것도 할 수 없는 절망적인 상태가 삶 속에 찾아올 때마다 나는 그 불빛을 바라보며 하나님을 의지하며 기도한다. 그러면 하나님은 한 번도 실망시키지 않으시고 변함없이 빛으로 나타나셔서 인도하시고 지켜 주셨다.

또한 빛 되신 하나님은 내 삶의 모든 필요를 채워 주시는 풍성한 목자시다. 하나님은 원함을 채워 주시지 않으시고 나의 필요를 채워 주셨다.

이민 와서 문학소녀로 작가가 되겠다는 꿈이 사라지면서 삶의 목적이 없어졌을 때 무척 불행했다. 내가 원하는 건 작가가 되어 세상에 이름을 널리 내는 것이었기 때문이다.

바벨탑을 쌓아 세상에 그들의 이름을 널리 내고 싶었던 사람들을 다 흩으시듯, 하나님은 나의 원함을 아무것도 아닌 것처럼 만드시고 다른 공부를 하게 하셨다. 그리고 긴 세월 동안 하나님을 만나고 사랑하고 섬기면서 이제는 살아 계신 하나님의 이야기를 써서 사람들을 하나님께로 인도하게 하는 일을 많이 시키고 계신다. 〈크리스천 헤럴드〉에 칼럼을 싣게 하셨고 지금도 크고 작은 신문과 잡지에 글을 싣고 이제는 책을 쓸 수 있는 기회까지 주셔서, 세상에 이름을 내고자 했던 나의 허황된 원함을 채워 주시지 않으시고 영적인 필요를 먼저 채워 주셨다. 그 후에 쓰고 싶은 글을 쓰되 가장 의미 있는 글들을 쓰게 하셔서 자신의 이름보다는 하나님의 이름을 세상에 내는 일을 할 수 있도록 나의 깊은 필요를 채워 주심으로써 진정한 만족과 기쁨을 허락해 주셨다.

그리고 살아 계신 하나님은 나의 기도를 신실하게 들으시고 응답하시며, 두려움을 걷어 가시고 절망적인 상황에서도 역전의 은혜를 베풀어 주신다.

"그러므로 너희는 가서 모든 민족을 제자로 삼아 아버지와 아들과 성령의 이름으로 세례를 베풀고 내가 너희에게 분부한 모든 것을 가르쳐 지키게 하라 볼지어다 내가 세상 끝날까지 너희와 항상 함께 있으리라 하시니라"(마 28:19-20).

이 말씀으로 하나님께 내 삶을 드렸다. 부탁하신 일은 엄청났지만, 세상 끝날까지 하늘과 땅의 권세를 가지신 주님이 나와 함께하실 것이라는 약속이 너무 좋아서 그 약속에 내 삶을 의지하기로 했다. 그때 나는 연약한 대학생이었다. 내 안에 하나님이 쓰실 만한 것은 아무것도 없다고 생각했다. 심장이 약하게 태어나서 달리기만 하면 기절을 했다. 목소리도 무척 작고, 사람들이 많이 모인 곳에 가면 두 다리가 사시나무 떨 듯이 떨렸다. 특별한 자질도, 능력도 없었다. 하나님께 내 삶을

보석을 캐는 리더

드리겠다는 기도도 소심한 나는 아무도 모르게 혼자서만 드렸다. 그러나 하나님은 나의 기도를 들으셨고 함께하겠다는 약속을 신실하게 지켜 주셨다.

약한 몸은 나를 늘 힘들게 만들고, 몸 이곳저곳에 종양이 생겨 수술과 입원, 검사를 하는 일로 늘 병원을 다녀야 했다. 그렇지만 그 동안에도 많은 리더십 세미나와 워크숍을 인도하며 건강 때문에 사역을 못하는 일이 없도록 절망 가운데서도 때마다 기적적인 치유로 고쳐 주신 하나님은 나의 연약함과 하나님의 살아 계심을 자랑하며 살도록 해 주셨다.

지금은 성인이 된 딸을 임신했을 때, 아이의 척추가 없다며 장애아가 태어날 수 있을 뿐더러 위험하다며 병원에서 유산을 권유했다. 그때도 나는 살아 계신 하나님이 함께하겠다고 약속하셨음을 신뢰하고 기도하며, 살아 있는 아이는 살려야 한다는 하나님의 말씀에 순종했다. 그때 하나님은 역전의 은혜를 베풀어 주셔서 건강한 아이를 허락해 주셨다. 지금은 지나치게 건강해서 살을 뺀다고 난리다. 지금도 내 몸 안에는 종양이 있다. 그렇지만 전혀 두렵지 않다. 이것이 마지막 병이 아니라면 하나님이 고쳐 주실 것이기 때문이다.

2001년, 9.11이 터진 직후 리더십 세미나를 위해 뉴욕으로 떠나야 했다. 그 큰 점보 비행기에 여덟 명밖에 타지 않았다. 모두들 왜 지금 뉴욕에 가냐고, 두렵지 않느냐고 했지만, 하나님이 주신 평안함은 세상이 줄 수도 없고 알 수도 없는 평안이었다. 죽음도 이 세상의 어떤 어려움도 두렵지 않다. 그 무엇보다도 크신 하나님이 세상 끝날까지 함께하실 것이기 때문이다.

나를 구원하신 주님은 나를 끝까지 책임져 주셔서 어떤 절망 가운데도 이길 힘을 주셨고, 앞으로도 변함없는 은혜를 베풀어 주실 것이다.

나를 부르시고 구원하시는 하나님은 나의 아픔을 치유하시고 변화시켜 주시는 분이셨다.

사랑의 하나님은 지극히 이기적이고, 다른 사람들에게 쉽게 상처받고, 다른 이들을 마음으로 정죄하며, 하나님의 능력을 빌려 세상의 욕심들을 성취해 보려 한 나를 변화시켜 주셨다.

내게는 셋째 아이를 잃은 아픔이 있다. 그때는 상처받을 준비가 되어 있어서였는지 모든 사람이 싫었고, 내게 이런 아픔을 허락하시는 하나님께도 무척 화가 났다. 바로 그때, 그냥 교회 내에서 소그룹 성경공부만 열심히 인도하고 있던 나를 CRC라는 칼빈 신학교에 소재한 미국 장로교단 중에서 가장 역사가 깊은 교단에서 나를 소그룹, 〈커피 브레이크〉 사역을 위한 리더십 강사로 부르셨다. 그리고 그 지역 대학교에서 학생들의 성경 공부를 인도해 줄 책임자로 부르셨다. 하필이면 그때 나를 이 귀한 사역들로 부르시는 하나님을 이해할 수 없었다. 예수님을 부인하고, 고기도 안 잡혀 살기가 싫었던 베드로에게 나타나셔서 내적 치유 대신 "내 양을 치라"고 말씀하시는 주님을 만난 베드로의 심정이 그랬을 것이다. 벼락 맞을까 봐 불순종할 수도 없었다. 그렇지만 감사하게 받지도 못했다.

8년의 세월이 흐른 후에야 나는 그때 내게 사역을 허락하신 하나님

보석을 캐는 리더

께 감사를 드렸다. 하나님은 내가 나의 상처만 바라보며 헤어나지 못하고 있을 것임을 아셨다. 스스로에게서 눈을 돌려 다른 이들을 바라보게 하시고 섬기면서 나의 상처도 온전히 치유해 주셨다.

> 하나님께 내 삶을 드렸을 때 하나님은 가장 의미 있는 곳에 나를 사용하여 주셨다. 그리고 살아오며 경험한 모든 힘들었던 환경들을 그 일에 사용하여 주셨다.

지난 40년 이상을 소그룹 사역자로 살아왔다. 내게 가장 중요하고 소중한 소그룹은 역시 가정이다. 하나님에 대해서 수없이 들어왔지만 이해할 수도 믿을 수도 없었던 어린 시절, 부모님의 믿음과 기도의 삶을 보며 보이지 않는 하나님을 그림자로나마 볼 수 있었고, 동생이 위험한 병에 걸려 생사가 오갈 때 밤새도록 기도하신 어머님의 기도로 살아나는 것을 보며 하나님의 능력을 경험할 수 있었다. 그때 그 동생은 지금 하나님이 귀하게 쓰시는 목사가 되었다.

어렵고 고달픈 이민 생활이었지만, 과일과 땅콩을 먹으며 자기 전온 식구들이 둘러앉아 그날 있었던 얘기들을 나누고 기도하던 시간들, 우리 가정의 소그룹 모임은 내 가슴에 보석같이 남아 있다.

마음이 넉넉하셨던 아버지는 자녀들이 하는 얘기는 어떤 얘기든 박수 치며 칭찬하셨고, 감동스럽게 들어 주셨다. 다 아는 얘기도 처음 듣는 것처럼, 그냥 지나가며 하는 말도 너무 재미있다고 들어 주시며 내가 이 세상에서 가장 중요한 사람같이 느끼게 해 주셨다. 어머니는 밤마다 새벽마다 눈물로 기도하시며 자녀들의 든든한 기도의 울타리가 되어 주셨다. 지금은 사업가인 오빠는 가난한 가정의 장남으로 학생 때부터 늘 형제들과 부모님의 경제적인 부족함을 채워 주는, 착하고 온유한 사람이다. 이렇게 부모님과 형제들의 사랑으로 이루어진 소그룹 안에서 양육된 것이 결혼 후 또 다른 소그룹으로 들어가고 새로운 관계를 형성해 나갈 때, 그리고 맡겨 주신 사역들을 감당할 때 얼마나 귀한 밑거름이 되었는지 모른다.

나는 무엇보다 좋은 가정의 소그룹 리더, 좋은 부모가 되고 싶었다. 세월이 흘러 두 딸과 평신도로 헌신한 남편과 함께 또 하나의 소그룹이 형성되어 기쁨과 고통을 함께 나누며 살아가게 되었다. 셋째 아이를 잃은 슬픔으로 한동안 우울증에서 헤어 나오기 힘들 때, 초등학교 2학년이던 큰딸은 'Heaven is wonderful place'라는 찬양을 날마다 불러 주었고, 작은 딸은 'heaven'이 아무리 좋아도 엄마랑 여기서 오래오래 살 거라고 말해 주었다.

아직 어린아이들이었지만 하나님은 그 아이들을 통해서 깊은 슬픔에서 눈을 돌려 하늘나라를 소망하게 하셨고, 또 잃은 것보다 가진 것을 감사하게 하셨고, 이제 무엇을 하며 살아야 하는지를 알려 주셨다. 좋으신 하나님은 그 사랑하는 자녀들이 따뜻하고 평안한 가정 안에서, 가족으로 묶어 주신 한 사람 한 사람의 말과 섬김을 통해서 치유 받게 하시고, 온전한 회복을 주셔서 다시 세우시는 일을 하고 계심을 보여 주셨다. 가정이라는 소그룹을 통해서 위로와 힘을 받는 부모님들, 또 관심과 격려 속에 잘 양육 받은 자녀들은 세상에 나가 소망 없는 세상의 빛이 되어 살아갈 수 있으니, 가정이야말로 하나님의 사람들이 태어나고 양육되는 안전하고 평안한 세상 속의 하늘나라 같은 소그룹 모

보석을 캐는 리더

임이다.

또한 내가 양육 받고 섬겼던 모든 소그룹 성경 공부는 은혜의 산실이고, 약한 영혼들이 자라나는 편안하고 따뜻한 요람이었다. 그곳은 새로운 생명이 탄생되고, 절망 가운데 사는 사람들이 소망 가운데 일어나고, 슬픔과 고통 가운데 있는 자들이 위로와 힘을 얻으며, 갈 바를 알지 못하는 사람들이 삶의 목표와 비전을 갖게 되는 기적의 현장, 축복의 통로였다

소그룹의 아름다움은 함께함에 있다. 내게 소그룹이 있었기 때문에 어려움과 고통 중에서도, 죽음 같은 슬픔 속에서도 부활의 소망으로 일어나게 되었다. 어려움과 절망을 이기는 법을 말씀과 기도로 함께 배우며, 서로의 부족함과 연약함을 함께 돌보며, 하나님의 나라를 확장하는 일을 위해 함께 일하는 것이 바로 소그룹의 소중한 기능과 힘임을 알게 되었다.

소망 없는 세상 속에 살고 있는 영혼들을 구원하시고, 또 그들을 회복하시는 하나님의 구원 역사가 믿음으로 순종하는 사람들을 통하여 이루어지고, 또 그런 사람들이 소그룹으로 모였을 때 엄청난 시너지가 일어나는 것을 수없이 경험하며 무척이나 행복하게 사역하고 있다.

내가 경험한 하나님은 연약한 자의 든든한 배경이 되어 주시는 분이시다.

부족한 사람도 받아 안고 계신 넉넉한 하나님이 배경이 되어 주시면, 평범한 자가 비범한 일을 하며 살 수 있다. 하나님이 함께하시는 하

나님의 사역은 다 비범한 일이다. 그리고 그런 사람들이 모인 소그룹에서는 빽빽한 숲처럼 많은 무리들 사이에서는 이루어질 수 없는 아름다운 균형과 친밀함이 있다. 그래서 그 따뜻함 속에 예수님의 제자들이 살뜰한 보살핌으로 탄생되고 양육된다. 이 소그룹 사역을 위한 리더로 부르심 받은 모든 리더들을 섬기며 훈련하고 양육하는 일이 나는 너무 감사하며 기쁘다.

이 놀라운 하나님의 사랑과 은혜가 이 책을 읽는 모든 리더에게 동일하게 임하시고 계심을 믿는다. 모쪼록 소망 없는 세상에 살고 있는 수많은 사람이 성경 구석구석에 숨어 있는 무궁무진한 생명의 보화들을 만나고 변화되어서, 이 땅에 하나님 나라를 확장시키는 보석 같은 사람들로 살아갈 수 있기를 소원한다. 또 그들의 아름다운 리더들이 보석을 캐는 거룩한 작업을 성실하고 충성스럽게 이어 가서 하나님께 멈추지 않는 기쁨의 노래들을 올려 드리기를 간절히 기도드린다.

보석을 캐는 리더